바로보인

전傳등燈록錄

13

농선 대원 역저

이 원상은 농선 대원 선사님께서 직접 그리신 것으로 모든 불성이 서로 상즉해 공존하는 원리를 담은 것이다.

선 심(禪心)

누리 삼킨 참나를
낙화(落花)로 자각(自覺)
떨어지는 물소리로 웃고 가는 길
돌에서 꽃에서도 님이 맞는다

 정맥 선원의 문젠 마크는 농선 대원 선사님께서 마음을 상징하는 달(moon)과 그 마음을 깨달아 마음이 내가 된 삶인 선(zen)을 평화의 상징인 비둘기로 형상화 하신 것이다.

교조 석가모니 부처님과
부처님으로부터 직계로 내려온
불조정맥 78대 조사들의
진영과 전법게

 불조정맥

　　불조정맥이란 석가모니 부처님으로부터 현 78대 조사에 이르기까지 스승에게 깨달음의 인증인 인가를 받아 법을 전하라는 부촉을 받은 전법선사의 맥이다. 여기에 실린 불조진영과 전법게는 농선 대원 선사님께서 다년간 수집 정리하여 기도와 관조 끝에 완성하여 수립하신 것이다. 각 선사의 진영과 함께 실린 전법게는 스승으로부터 직접 전해 받은 게송이다. 단, 석가모니 부처님 진영에 실린 게송은 석가모니 부처님의 게송이다.

교조 석가모니 부처님

환화라고 하는 것 근본 없어 생긴 적도 없어서 　幻化無因亦無生
모두가 스스로 이러-해서 본다 함도 이러-하네 　皆則自然見如是
모든 법도 스스로 화한 남, 아닌 것이 없어서 　諸法無非自化生
환화라 하지만 남이 없어 두려워할 것도 없네 　幻化無生無所畏

제1조　마하가섭 존자

법이라는 본래 법엔 법이랄 것 없으나	法本法無法
법이랄 것 없다는 법, 그 또한 법이라	無法法亦法
이제 법이랄 것 없음을 전해줌에	今付無法時
법이라는 법인들 그 어찌 법이랴	法法何曾法

제2조　아난다 존자

법이란 법 본래의 법이라	法法本來法
법도 없고 법 아님도 없으니	無法無非法
어떻게 온통인 법 가운데	何於一法中
법 있으며 법 아닌 것 있으랴	有法有非法

제3조　상나화수 존자

본래의 법 전함이 있다 하나	本來付有法
전한 말에 법이랄 것 없다 했네	付了言無法
각자가 스스로 깨달으라	各各須自悟
깨달으면 법 없음도 없다네	悟了無無法

제4조　우바국다 존자

법 아니고 마음도 아니어서	非法亦非心
맘이랄 것, 법이랄 것 없나니	無心亦無法
마음이다, 법이다 설할 때는	說是心法時
그 법은 마음법이 아니로다	是法非心法

제5조　제다가 존자

마음이란 스스로인 본래의 마음이니	心自本來心
본래의 마음에는 법 있는 것 아니로다	本心非有法
본래의 마음 있고 법이란 것 있다 하면	有法有本心
마음도 아니요 본래 법도 아니로다	非心非本法

제6조　미차가 존자

본래의 마음법을 통달하면	通達本心法
법도 없고, 법 아님도 없도다	無法無非法
깨달으면 깨닫기 전과 같아	悟了同未悟
마음이니, 법이니 할 것 없네	無心亦無法

제7조　바수밀 존자

맘이랄 것 없으면 얻음도 없어서	無心無可得
설함에 법이라 이름할 것도 없네	說得不名法
만약에 맘이라 하면 마음 아님 깨달으면	若了心非心
비로소 마음인 마음법 안다 하리	始解心心法

제8조　불타난제 존자

가없는 마음으로	心同虛空界
가없는 법 보이니	示等虛空法
가없음을 증득하면	證得虛空時
옳고 그른 법이 없다	無是無非法

제9조　복타밀다 존자

허공이 안팎 없듯	虛空無內外
마음법도 그러하다	心法亦如此
허공이치 요달하면	若了虛空故
진여이치 통달하네	是達眞如理

제10조　파율습박(협) 존자

진리란 본래에 이름할 수 없으나	眞理本無名
이름에 의하여 진리를 나타내니	因名顯眞理
받아 얻은 진실한 법이라고 하는 것	受得眞實法
진실도 아니요, 거짓도 아니로세	非眞亦非僞

제11조 부나야사 존자

참된 몸 스스로 이러-히 참다우니	眞體自然眞
참됨을 설함으로 인해 진리란 것 있다 하나	因眞說有理
참답게 참된 법을 깨달아 얻으면	領得眞眞法
베풀 것도 없으며 그칠 것도 없다네	無行亦無止

제12조 아나보리(마명) 존자

미혹과 깨침이란 숨음과 드러남 같다 하나	迷悟如隱顯
밝음과 어둠이 서로가 여읠 수 없는 걸세	明暗不相離
이제 숨음이 드러난 법 부촉한다지만	今付隱顯法
하나도 아니요, 둘도 또한 아니로세	非一亦非二

제13조 가비마라 존자

숨었느니 드러났느니 하지만 본래의 법에는	隱顯卽本法
밝음과 어두움이 원래에 둘 아니라	明暗元不二
깨달아 마친 법을 전한다고 하지만	今付悟了法
취함도 아니요, 여읨도 아니로세	非取亦非離

제14조 나가르주나(용수) 존자

숨을 수도, 드러날 수도 없는 법이라 함	非隱非顯法
이것이 참다운 실제를 말함이니	說是眞實際
숨음이 드러난 법 깨달았다 하나	悟此隱顯法
어리석음도 아니요 지혜로움도 아니로다	非愚亦非智

제15조 가나제바 존자

숨었느니 드러났느니 하면 법에 밝다 하랴	爲明隱顯法
밝게 해탈의 이치를 설하려면	方說解脫理
저 법에 증득한 바도 없는 마음이어야 하니	於法心不證
성낼 것도 없으며 기쁠 것도 없다네	無嗔亦無喜

제16조　라후라타 존자

본래에 법을 전할 사람 대해	本對傳法人
해탈의 진리를 설하나	爲說解脫理
법엔 실로 증득한 바 없어서	於法實無證
마침도 비롯함도 없느니라	無終亦無始

제17조　승가난제 존자

법에는 진실로 증득한 바 없어서	於法實無證
취함도 없으며 여읨도 없느니라	不取亦不離
법에는 있다거나 없다는 상도 없거늘	法非有無相
안이니 밖이니 어떻게 일으키리	內外云何起

제18조　가야사다 존자

맘 바탕엔 본래에 남 없거늘	心地本無生
바탕의 인, 연을 쫓아 일으키나	因地從緣起
연과 종자 서로가 방해 없어	緣種不相妨
꽃과 열매 그 또한 그러하네	華果亦復爾

제19조　구마라다 존자

마음의 바탕에 지닌 종자 있음에	有種有心地
인과 연이 능히 싹 나게 하지만	因緣能發萌
저 연에 서로가 걸림이 없어서	於緣不相礙
마땅히 난다 해도 남이 남 아니로세	當生生不生

제20조　사야다 존자

성품에는 본래에 남 없건만	性上本無生
구하는 사람 대해 설할 뿐	爲對求人說
법에는 얻은 바 없거늘	於法旣無得
어찌 깨닫고, 깨닫지 못함을 둘 것인가	何懷決不決

제21조　바수반두 존자

말 떨어지자마자 무생에 계합하면	言下合無生
저 법계와 성품이 함께 하리니	同於法界性
만일 능히 이와 같이 깨친다면	若能如是解
궁극의 이변 사변 통달하리	通達事理竟

제22조　마노라 존자

물거품과 환 같아 걸릴 것도 없거늘	泡幻同無礙
어찌하여 깨달아 마치지 못했다 하는가	如何不了悟
그 가운데 있는 법을 통달하면	達法在其中
지금도 아니요, 옛 또한 아니니라	非今亦非古

제23조　학륵나 존자

마음이 만 경계를 따라서 구르나	心隨萬境轉
구르는 곳마다 실로 능히 그윽함에	轉處實能幽
성품을 깨달아서 흐름을 따르면	隨流認得性
기쁠 것도 없으며 근심할 것도 없네	無喜亦無憂

제24조　사자보리 존자

마음의 성품을 깨달음에	認得心性時
사의할 수 없다고 말하나니	可說不思議
깨달아 마쳐서는 얻음 없어	了了無可得
깨달아선 깨달았다 할 것 없네	得時不說知

제25조　바사사다 존자

깨달음의 지혜를 바르게 설할 때에	正說知見時
깨달음의 지혜란 이 마음에 갖춘 바라	知見俱是心
지금의 마음이 곧 깨달음의 지혜요	當心卽知見
깨달음의 지혜가 곧 지금의 함일세	知見卽于今

제26조 불여밀다 존자

성인이 말하는 지견은	聖人說知見
경계를 맞아서 시비 없네	當境無是非
나 이제 참성품 깨달음에	我今悟眞性
도랄 것도, 이치랄 것도 없네	無道亦無理

제27조 반야다라 존자

맘 바탕에 참성품 갖췄으나	眞性心地藏
머리도, 꼬리도 없으니	無頭亦無尾
인연 응해 만물을 교화함을	應緣而化物
지혜라고 하는 것도 방편일세	方便呼爲智

제28조 보리달마 존자

마음에서 모든 종자 냄이여	心地生諸種
일(事)로 인해 다시 이치 나느니라	因事復生理
두렷이 보리과가 원만하니	果滿菩提圓
세계를 일으키는 꽃 피우리	華開世界起

제29조 신광 혜가 대사

내가 본래 이 땅에 온 것은	吾本來此土
법을 전해 중생을 구함일세	傳法救迷情
한 송이에 다섯 꽃잎 피리니	一花開五葉
열매 맺음 자연히 이뤄지리	結果自然成

제30조 감지 승찬 대사

본래의 바탕에 연 있으면	本來緣有地
바탕의 인에서 종자 나서 꽃핀다 하나	因地種華生
본래엔 종자가 있은 적도 없어서	本來無有種
꽃핀 적도 없으며 난 적도 없다네	華亦不曾生

제31조　대의 도신 대사

꽃과 종자 바탕으로 인하니	華種雖因地
바탕을 쫓아서 종자와 꽃을 내나	從地種華生
만약에 사람이 종자 내림 없으면	若無人下種
남 없어 바탕에 꽃편 적도 없다 하리	華地盡無生

제32조　대만 홍인 대사

꽃과 종자 성품에서 남이라	華種有生性
바탕으로 인해서 나고 꽃피우니	因地華生生
큰 연과 성품이 일치하면	大緣與性合
그 남은 나도 남 아니로세	當生生不生

제33조　대감 혜능 대사

정 있어 종자를 내림에	有情來下種
바탕 인해 결과 내어 영위하나	因地果還生
정이랄 것도 없고 종자랄 것도 없어서	無情旣無種
만물의 근원인 도의 성품엔 또한 남도 없네	無性亦無生

제34조　남악 회양 전법선사

마음의 바탕에 모든 종자 머금어져	心地含諸種
널리 비 내림에 모두 다 싹트도다	普雨悉皆生
단박에 깨달아 정을 다한 꽃피움에	頓悟華情已
보리의 과위가 스스로 이뤄졌네	菩提果自成

제35조　마조 도일 전법선사

마음의 바탕에 모든 종자 머금어져	心地含諸種
비와 이슬 만남에 모두 다 싹이 트나	遇澤悉皆萌
삼매의 꽃핌이라 형상이 없거늘	三昧華無相
무엇이 무너지고 무엇이 이뤄지랴	何壞復何成

제36조   백장 회해 전법선사

마음 외에 본래에 다른 법이 없거늘	心外本無法
부촉함이 있다 하면 마음법이 아닐세	有付非心法
원래에 마음법 없음을 깨달은	旣知非法心
이러-한 마음법을 그대에게 부촉하네	如是付心法

제37조   황벽 희운 전법선사

본래에 말로는 부촉할 수 없는 것을	本無言語囑
억지로 마음의 법이라 전함이니	强以心法傳
그대가 원래에 받아 지닌 그 법을	汝旣受持法
마음의 법이라고 다시 어찌 말하랴	心法更何言

제38조   임제 의현 전법선사

마음의 법 있으면 병이 있고	病時心法在
마음의 법 없으면 병도 없네	不病心法無
내 부촉한 마음의 법에는	吾所付心法
마음의 법 있는 것 아니로세	不在心法途

제39조   흥화 존장 전법선사

지극한 도는 간택함이 없으니	至道無揀擇
본래의 마음이라 향하고 등짐이 없느니라	本心無向背
이 같음을 감당해 이으려는가?	便如此承當
봄바람에 곤한 잠을 더하누나	春風增瞌睡

제40조   남원 혜옹 전법선사

대도는 온통 맘에 있다지만	大道全在心
맘에 구함 있으면 그르치네	亦非在心求
그대에게 부촉한 자심의 도에는	付汝自心道
기쁨도 근심도 없느니라	無喜亦無憂

제41조　풍혈 연소 전법선사

나 이제 법 없음을 말하노니　　　我今無法說
말한 바가 모두 다 법 아니라　　　所說皆非法
법 없는 법 지금에 부촉하니　　　今付無法法
이 법에도 머무르지 말아라　　　不可住于法

제42조　수산 성념 전법선사

말한 적도 없어야 참법이니　　　無說是眞法
이 말함은 원래에 말함 없네　　　其說元無說
나 이제 말한 적도 없을 때　　　我今無說時
말함이라 말한들 말함이랴　　　說說何曾說

제43조　분양 선소 전법선사

예로부터 말함 없음 부촉했고　　　自古付無說
지금의 나 또한 말함 없네　　　我今亦無說
다만 이 말함 없는 마음을　　　只此無說心
모든 부처 다 같이 말한 바네　　　諸佛所共說

제44조　자명 초원 전법선사

허공이 형상이 없다 하나　　　虛空無形像
형상도, 허공도 아닐세　　　形像非虛空
내 부촉한 마음의 법이란　　　我所付心法
공도 공한 공이어서 공 아닐세　　　空空空不空

제45조　양기 방회 전법선사

허공이 면목이 없듯이　　　虛空無面目
마음의 상 또한 이와 같네　　　心相亦如然
곧 이렇게 비고 빈 마음을　　　卽此虛空心
높은 중에 높다고 하는 걸세　　　可稱天中天

제46조　백운 수단 전법선사

마음의 본체가 허공같아　　　　　心體如虛空
법 또한 허공처럼 두루하네　　　　法亦遍虛空
허공 같은 이치를 증득하면　　　　證得虛空理
법도 아니요, 공한 맘도 아니로세　非法非心空

제47조　오조 법연 전법선사

도에는 나라는 나 원래 없고　　　　道我元無我
도에는 맘이란 맘 원래 없네　　　　道心元無心
오직 이 나랄 함도 없는 법으로　　　唯此無我法
나랄 함 없는 맘에 일체하네　　　　相契無我心

제48조　원오 극근 전법선사

참나에는 본래에 맘이랄 것 없으며　　眞我本無心
참마음엔 역시나 나랄 것 없으나　　　眞心亦無我
이러-히 참답게 참마음에 일체되면　　契此眞眞心
나를 나라 한들 어찌 거듭된 나겠는가　我我何曾我

제49조　호구 소륭 전법선사

도 얻으면 자재한 마음이고　　　　得道心自在
도 얻지 못하면 근심이라 하나　　　不得道憂惱
본래의 마음의 도 부촉함에　　　　付汝自心道
기쁨도, 근심도 없느니라　　　　　無喜亦無惱

제50조　응암 담화 전법선사

맑던 하늘 구름 덮인 하늘 되고　　天晴雲在天
비 오더니 젖어있는 땅일세　　　　雨落濕在地
비밀히 마음을 부촉함이여　　　　秘密付與心
마음법이란 다만 이것일세　　　　心法只這是

제51조　밀암 함걸 전법선사

부처님은 눈으로써 별을 보고	佛用眼觀星
난 귀로써 소리를 들었도다	我用耳聽聲
나의 함이 부처님의 함과 같아	我用與佛用
내 밝음이 그대의 밝음일세	我明汝亦明

제52조　파암 조선 전법선사

부처와 더불어 중생의 보는 것이	佛與衆生見
원래 근본 부처인데 금 그은들 바뀌랴	元本佛隔線
그대에게 부촉한 본연의 마음법에는	付汝自心法
깨닫고 깨닫지 못함도 없느니라	非見非不見

제53조　무준 사범 전법선사

내가 만약 봄이 없다 할 때에	我若不見時
그대 응당 봄이 없이 보아라	汝應不見見
봄에 봄 없어야 본연의 봄이니	見見非自見
본연의 마음이 언제나 드러났네	自心常顯現

제54조　설암 혜랑 전법선사

진리는 곧기가 거문고줄 같다는데	眞理直如絃
어떻게 침묵이냐 말로 다시 할 것인가	何默更何言
나 이제 그대에게 공교롭게 부촉하니	我今善付囑
밝힌 마음 본래에 얻음이 없는 걸세	表心本無得

제55조　급암 종신 전법선사

사람에겐 미혹하고 깨달음이 본래 없는데	本無迷悟人
미했느니 깨쳤느니 제 스스로 분별하네	迷悟自家計
젊어서 깨달았다 말이나 한다면	記得少壯時
늙어서까지라도 깨닫지 못할 걸세	而今不覺老

제56조 석옥 청공 전법선사

이 마음이 지극히 광대하여	此心極廣大
허공에 비할 수도 없다네	虛空比不得
이 도는 다만 오직 이러-하니	此道只如是
밖으로 찾음 쉬어 받아 지녔네	受持休外覓

제57조 태고 보우 전법선사

지극히 큰 이것인 이 마음과	至大是此心
지극히 성스러운 이것인 이 법이라	至聖是此法
등불과 등불의 광명처럼 나뉨 없음	燈燈光不差
이 마음 스스로가 통달해 마침일세	了此心自達

제58조 환암 혼수 전법선사

마음 중의 본연의 마음과	心中有自心
법 중의 지극한 법을	法中有至法
내가 지금 부촉한다 하나	我今可付囑
마음법엔 마음법이라 함도 없네	心法無心法

제59조 구곡 각운 전법선사

온통인 도, 마음의 광명이라 할 것도 없으나	一道不心光
과거, 현재, 미래와 시방을 밝힘일세	三際十方明
어떻게 지극히 분명한 이 가운데	何於明白中
밝음과 밝지 않음 있다고 하리오	有明有不明

제60조 벽계 정심 전법선사

나 지금 법 없음을 부촉하고	我無法可付
그대는 무심으로 받는다 하나	汝無心可受
전함 없고 받음 없는 맘이라면	無付無受心
누구라도 성취하지 못했다 하랴	何人不成就

제61조   벽송 지엄 전법선사

마음이 곧 깨달음의 마음이요	心卽能知心
법이 곧 깨달음의 법이라	法卽可知法
마음법을 마음법이라 전한다면	法心付法心
마음도, 법도 아닐세	非心亦非法

제62조   부용 영관 전법선사

조사와 조사가 법 없음을 부촉한다 하나	祖祖無法付
사람과 사람마다 본래 스스로 지님일세	人人本自有
그대는 부촉함도 없는 법을 받아서	汝受無付法
긴요히 뒷날에 전하도록 하여라	急着傳於後

제63조   청허 휴정 전법선사

참성품은 본래에 성품이라 할 것 없고	眞性本無性
참법은 본래에 법이라 할 것 없네	眞法本無法
법이니 성품이니 할 것 없음 깨달으면	了知無法性
어떠한 곳엔들 통달하지 못하랴	何處不通達

제64조   편양 언기 전법선사

법도 아니고 법 아님도 아니고	非法非非法
성품도 아니고 성품 아님도 아니며	非性非非性
마음도 아니고 마음 아님도 아님이	非心非非心
그대에게 부촉하는 궁극의 마음법일세	付汝心法竟

제65조   풍담 의심 전법선사

부처님이 전하신 꽃 드신 종지와	師傳拈花宗
내가 미소지어 보인 도리를	示我微笑法
친히 손수 그대에게 분부하니	親手分付汝
받들어 지녀 누리에 두루하게 하라	持奉遍塵刹

제66조   월담 설제 전법선사

깨달아선 깨달은 바 없으며	得本無所得
전해서는 전함 또한 없느니라	傳亦無可傳
전함도 없는 법을 부촉함이여	今付無傳法
동서가 온통한 하늘일세	東西共一天

제67조   환성 지안 전법선사

전하거나 받을 법이 없어서	無傳無受法
전하거나 받는다는 맘도 없네	無傳無受心
부촉하나 받은 바 없는 이여	付與無受者
허공의 힘줄마저 뽑아서 끊었도다	掣斷虛空筋

제68조   호암 체정 전법선사

연류에 따른 일단사여	沿流一段事
머리도 꼬리도 필경 없네	竟無頭與尾
사자새끼인 그대에게 부촉하니	付與獅子兒
사자후 천지에 가득케 하라	哨吼滿天地

제69조   청봉 거안 전법선사

서 가리켜 동에 그림이여	指西喚作東
풍악산의 뭇 봉우리로다	楓嶽山衆峰
불조의 이러한 법을	佛祖之此法
너에게 분부하노라	分付今日汝

제70조   율봉 청고 전법선사

머리도 꼬리도 없는 도리	無頭尾道理
오늘 그대에게 전해주니	今日傳授汝
이후로 보림을 잘 하여서	此後善保任
영원히 끊어짐이 없게 하라	永遠無斷絶

제71조 금허 법첨 전법선사

그믐날 근원에 돌아간다 말했으나
법신에 그 어찌 가고 옴이 있으랴
푸른 하늘 해 있고, 못 가운데 연꽃일세
이 법을 분부하니 끊어짐이 없게 하라

晦日豫言爲還元
法身何有去與來
日在靑天池中蓮
此法分付無斷絶

제72조 용암 혜언 전법선사

'연꽃이 나왔다' 하여 보인 큰 도리를
다시 또 뜰 밑 나무 가리켜 보여서
후일의 크고 큰일 그대에게 부촉하니
잘 지녀 보림하여 끊어짐 없게 하라

示出蓮之大道理
復亦指示庭下樹
後日大事與咐囑
保任善持無斷絶

제73조 영월 봉율 전법선사

사느니 죽느니 이 무슨 말들인고
물밭엔 연꽃이고 하늘엔 해일세
가없이 이러-해서 감출 수 없이 드러남
오늘 네게 분부하니 끊어짐 없게 하라

生也死也是何言
水田蓮花在天日
無邊無藏露如是
今日分付無斷絶

제74조 만화 보선 전법선사

봄산과 뜬구름을 동시에 보아라
중생들의 이익될 바 그 가운데 있느니라
이 가운데 도리를 이제 네게 부촉하니
계승해 끊임없이 번성케 할지어다

春山浮雲觀同時
普益衆生在其中
此中道理今付汝
繼承無斷爲繁盛

제75조 경허 성우 전법선사

하늘의 뜬구름이 누설한 그 도리를
오늘날 선자에게 부촉하여 주노니
철저하게 보림하여 모범을 보임으로
후세에 끊어짐이 없게 할 맘, 지니게나

浮雲漏泄其道理
今日咐囑與禪子
保任徹底示模範
後世無斷爲持心

제76조　만공 월면 전법선사

구름과 달, 산과 계곡이라, 곳곳에서 같음이여	雲月溪山處處同
선가의 나의 제자 수산의 큰 가풍일세	叟山禪子大家風
은근히 무문인을 그대에게 분부하니	慇懃分付無文印
이 기틀의 방편이 활안 중에 있노라	一段機權活眼中

제77조　전강 영신 전법선사

불조도 전한 바 없어서	佛祖未曾傳
나 또한 얻은 바 없음을…	我亦無所得
가을빛 저물어 가는 날에	此日秋色暮
뒷산의 원숭이가 울고 있네	猿嘯在後峰

제78대　농선 대원 전법선사

부처와 조사도 일찍이 전한 것이 아니거늘	佛祖未曾傳
나 또한 어찌 받았다 하며 준다 할 것인가	我亦何受授
이 법이 2천년대에 이르러서	此法二千年
널리 천하 사람을 제도하리라	廣度天下人

부처님으로부터 직계로 내려온 불조정맥 제78대 농선 대원 선사님

농선 대원 전법선사의 3대 서원

오로지 정법만을 깨닫기 서원합니다.
입을 열면 정법만을 설하기 서원합니다.
중생이 다하는 그날까지 교화하기 서원합니다.

성불사 국제정맥선원 대웅전

성불사 국제정맥선원은

농선 대원 선사님께서 주석하시는 곳으로

대원 선사님의 지도하에 비구스님들이

직접 지은 도량이다.

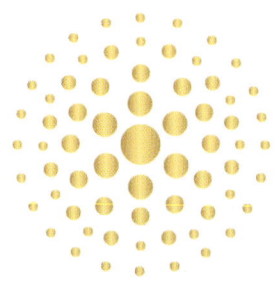

불교 8대 선언문

불교는 자신에게서 영생을 발견하게 한 유일한 종교이다.
불교는 자신에게서 모든 지혜를 발견하게 한 유일한 종교이다.
불교는 자신에게서 모든 능력을 발견하게 한 유일한 종교이다.
불교는 자신에게서 모든 것을 이루게 한 유일한 종교이다.
불교는 자신에게서 극락을 발견하게 한 유일한 종교이다.
불교는 깨달으면 차별 없어 평등하다는 유일한 종교이다.
불교는 모든 억압 없이 자신감을 갖게 한 유일한 종교이다.
불교는 그러므로 온 누리에 영원할 만인의 종교이다.

농선 대원 전법선사 주창

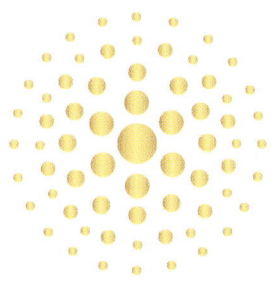

전세계의 불교계에서 통일시켜야 할 일

경전의 말씀대로 32상과 80종호를 갖춘 불상으로 통일해야 한다.

예불 드리는 법을 통일해야 한다.

불공의식을 통일해야 한다.

농선 대원 전법선사 주창

농선 대원 선사의 전등록 발간의 의의

 선문(禪文)이란 말 밖의 말로 마음을 바로 가리켜 깨닫게 하여 그 깨달은 마음 바탕에서 닦아 불지(佛地)에 이르게 하는 문(門)이다. 그러기에 지식이나 알음알이로는 헤아려 알 수 없는 것이어서 깨달아 증득하여 일체종지(一切種智)를 이룬 이가 아니고는 그 요지를 바로 보아 이끌어 줄 수 없다.

 지금 불교의 현실이 대본산 강원조차 이런 안목으로 이끌어 주는 선지식이 없어서 선종(禪宗) 최고의 공안집인 '전등록', '선문염송' 강의가 모두 폐강된 상황이다.
 이에 대원 선사님께서는 불조(佛祖)의 요지가 말이나 글에 떨어져 생사해탈의 길이 단절되는 것을 염려하여 깨달음의 법을 선리(禪理)에 맞게 바로 잡는 역경 작업에 혼신을 다하고 계신다.

 대원 선사님께서는 19세에 선운사 도솔암에서 활연대오한 후, 대선지식과의 법거량에서 한 치의 주저함도 없이 명쾌하게 응대하시니 당시 12대 선지식들께서 탄복해 마지않으셨다. 경봉 선사님과 조계종 지혜제일 전강 선사님과의 문답만을 보더라도 취모검과 같은 대원 선사님의 선지를 엿볼 수 있다.

맨 처음 통도사 경봉 선사님을 찾아뵈었을 때, 마침 늦가을 감나무에서 감을 따고 계신 경봉 선사님을 보자 감나무 주위를 한 번 돌고 서 있으니, 경봉 선사님께서 물으셨다.

"어디서 왔는가?"

"호남에서 왔습니다."

"무엇을 공부했는가?"

"선을 공부했습니다."

"무엇이 선이냐?"

"감이 붉습니다."

"네가 불법을 아는가?"

"알면 불법이 아닙니다."

위의 문답이 있은 후 경봉 선사님께서는 해제 법문을 대원 선사님께 맡기셨으나 대원 선사님께서는 아직 그럴 때가 아니라 여겨져 그 이튿날인 해제일 새벽 직전에 통도사를 떠나와 버리셨다.

또 광주 동광사에서 처음 전강 선사님을 뵈었을 때, 20대 초면의 젊은 승려인 대원 선사님께 전강 선사님께서 대뜸 '달마불식 도리'를 일러보라 하셨다. 대원 선사님께서 아무 말없이 다가가 전강 선사님의 목에 있는 점 위의 털을 뽑아 버리고 종무소로 가니, 전강 선사님께서 "여기 사람 죽이는 놈이 있다."하며 종무소까지 따라오다 방장실로 돌아가셨다.

그 이후 대원 선사님께서 군산 은적사에서 전강 선사님을 시봉하며 모시고 계실 때, 전강 선사님께서 또 물으셨다.

"공적의 영지를 일러라."

"이러-히 스님과 대담합니다."

"영지의 공적을 일러라."

"스님과 대담에 이러-합니다."

"이러-한 경지를 일러라."

"명왕은 어상을 내리지 않고 천하일에 밝습니다."

대원 선사님의 답에 전강 선사님께서는 희색이 만면해서 고개를 끄덕이며 당신 처소로 돌아가셨다.

이에 그치지 않고 전강 선사님께서 대구 동화사 조실로 계실 때, 대원 선사님께 말씀하셨다.

"대중들이 자네를 산으로 불러내어 그 중에 법성(조계종 종정 진제 스님)이 달마불식 도리를 일러보라 했을 때 '드러났다'라고 답했다는데, 만약에 자네가 양무제였다면 '모르오'라고 이르고 있는 달마 대사에게 어떻게 했겠는가?"

"제가 양무제였다면 '성인이라 함도 설 수 없으나 이러-히 짐의 덕화와 함께 어우러짐이 더욱 좋지 않겠습니까?'하며 달마 대사의 손을 잡아 일으켰을 것입니다."

그러자 전강 선사님께서 탄복하며 말씀하셨다.

"어느새 그 경지에 이르렀는가?"

"이르렀다곤들 어찌하며 갖추었다곤들 어찌하며 본래라곤들 어찌하리까? 오직 이러-할 뿐인데 말입니다."

대원 선사님의 대답에 전강 선사님께서 크게 기뻐하셨다.

이와 같이 대원 선사님께서는 20대 초반에 이미 어떤 선지식의 물음에도 전광석화와 같이 답하셨으며 그 법을 씀이 새의 길처럼 흔적 없는 가운데 자유자재하셨다.

깨달음의 방편에 있어서는 육조 대사께서 마주 앉은 자리에서 사람들을 깨닫게 하셨듯이, 제자들을 제접해 직지인심(直指人心)으로 스스로의 마음에 사무쳐 들게 하여 근기에 따라 보림해 갈 수 있도록 이끌어주시니, 꺼져가는 정법의 기치를 바로 일으켜 세움이라 하겠다.

또한 선지식이라면 이변(理邊)에서 뿐만이 아니라 사변(事邊)에서도 먼 안목으로 인류가 무엇을 어떻게 대비하며 살아가야 할지를 예언하고 이끌어 주어야 한다고 하셨다.

그래서 1962년부터 주창하시기를, 전 세계가 21세기를 '사막 경영의 시대'로 삼아 사막화된 지역에 '사막 해수로 사업'을 하여 원하는 지역의 기후를 조절해야 하고, 자원을 소모하는 발전소 대신 파도, 태양열, 풍력 등의 대체 에너지와 무한 원동기를 개발해야 한다고 하셨다. 또, 도로를 발전소화하여 전기를 생산하는 방법 등을 구체적으로 제안하시고, 천재지변을 대비하여 각자의 집에서 농사를 짓는 '울안의 농법'을 연구하시는 등 만인이 더 나은 삶을 살 수 있는 길을 끊임없이 일러 주고 계신다.

  이와 같이 대원 선사님께서는 일체종지를 이룬 지혜로, '참나를 깨달아 마음이 내가 된 삶'을 위한 깨달음의 법으로부터 닥쳐오는 재난을 막고 지구를 가장 살기 좋은 세상으로 만드는 방편까지 늘 그 방향을 제시하고 계신다.

  한편, 불교의 최고 경전인 '화엄경 81권'을 완간하여 불보살님의 불가사의한 화엄세계를 열어 보이셨으며, 선문 최대의 공안집인 '선문염송 30권' 1,463칙에 대하여 석가모니 부처님 이래 최초로 전 공안을 맑은 물 밑바닥 보듯이 회통쳐 출간하셨다.

  이제 대원 선사님께서는 7불과 역대 조사들의 깨달음의 진수가 담긴 '전등록 30권'을 그런 혜안(慧眼)으로 조사마다 선리의 토끼뿔을 더해 닦아 증득할 수 있도록 밝혀 보이셨다. 그리하여 생사윤회길을 헤매는 중생들에게 해탈의 등불이 되고자 하셨으며, 불조(佛祖)의 정법이 후세에까지 끊어지지 않게 하여 부처님 은혜에 보답하고자 하셨다.

  부처님 가신 지 오래 되어 정법은 약하고 삿된 법이 만연한 지금, 중생이 다하는 날까지 중생을 구제하기 서원하는 대원 선사님과 같은 명안종사(明眼宗師)가 계심은 불보살님의 자비광명이 이 땅에 두루한 은덕이라 하겠다.

바로보인 불법 ㊸

전 傳
등 燈
록 錄

13

도서출판 문젠(구, 바로보인)은 정맥선원에서 운영하고 있습니다.

* 인제산(人濟山) 성불사(成佛寺) 국제정맥선원
  경기도 포천시 내촌면 소리개길 86-178 ☎ 031-531-8805
* 인제산(人濟山) 이문절 포천정맥선원
  경기도 포천시 내촌면 소리개길 86-123 ☎ 031-531-2433
* 백양산(白楊山) 자모사(慈母寺) 부산정맥선원
  부산시 동래구 아시아드대로 114번길 10 대륙코리아나 2층 212호 ☎ 051-503-6460
* 자모산(慈母山) 육조사(六祖寺) 청도정맥선원
  경북 청도군 매전면 동산리 산 50 ☎ 010-4543-2460
* 광암산(光巖山) 성도사(成道寺) 광주정맥선원
  광주광역시 광산구 삼도광암길 34 ☎ 062-944-4088
* 대통산(大通山) 대통사(大通寺) 해남정맥선원
  전남 해남군 화산면 송계길 132-98 중정마을 ☎ 061-536-6366

바로보인 불법 ㊸
전 등 록 13

초판 1쇄 펴낸날 단기 4354년, 불기 3048년, 서기 2021년 10월 30일

역   저 농선 대원 선사
펴 낸 곳 도서출판 문젠(Moonzen Press)
          11192, 경기도 포천시 내촌면 소리개길 86-178
          전화 031-534-3373 팩스 031-533-3387
신고번호   2010.11.24. 제2010-000004호

편집윤문출판 법심 최주희, 법운 정숙경
인디자인 전자출판 지일 박한재
표 지 글 씨 춘성 박선옥
인   쇄 북크림

도서출판문젠 www.moonzenpress.com
정 맥 선 원 www.zenparadise.com
사막화방지국제연대(IUPD) www.iupd.org

ⓒ 문재현, 2021. Printed in Seoul, Republic of Korea
값 15,000원
ISBN 978-89-6870-613-4
ISBN 978-89-6870-600-4 04220(전30권)

 서 문

　전등록은 말 없는 말이며 말 밖의 말이라서 학식이나 재치만으로는 번역이 실로 불가능한 일이다. 그러기에 육조단경(六祖壇經)을 보면 법화경을 삼천 번이나 독송한 법달(法達)은 글 한 자 모르시는 육조(六祖)께 경의 뜻을 물었고, 글을 모르시는 육조께서는 법화경의 바른 뜻을 설파하셔서 법달을 깨닫게 하신 것이다.
　그런데 하루는 본인에게 법을 물으러 다니시던 부산의 목원 하상욱 본연님이 오셔서 시중에 나온 전등록 번역본 두세 가지를 보이시며 범인인 당신에게도 부처님과 조사님들의 본래 뜻에 맞지 않는 대문이 군데군데 눈에 뜨인다며 바른 의역의 필요성을 절감한다고 하셨다. 그 후로 전등록 번역을 바로 해주십사 하는 간청이 지극하여 비록 단문하나 이 일을 시작하게 되었다.
　부처님과 조사님들의 근본 뜻에 어긋남이 없게 하기 위해 노력하였으나 약속한 기간 내에 해내기란 실로 벅찬 일이어서 혹시 미비한 점이 없지 않으리니 강호 제현의 좋은 지적이 있기를 바란다.

불법(佛法)이란 본자연(本自然)이라 누가 설(說)하고 누가 듣고 배울 자리요만 그렇지 못한 이가 또한 있어서 부처님과 조사님들의 허물이 생기는 것이다.

  어떤 것이 부처인고?
  화분의 빨간 장미니라.

  이 가운데 남전(南泉) 뜰꽃 도리(道理)며 한산(寒山) 습득(拾得)의 웃음을 누릴진저.

단기(檀紀) 4354년
불기(佛紀) 3048년
서기(西紀) 2021년

무등산인 농선 대원 분향근서
(無等山人 弄禪 大圓 焚香謹書)

양억(楊億)의 경덕전등록 서문

　석가모니께서 일찍이 연등 부처님의 수기를 받아, 현겁(賢劫)의 보처(補處)가 되어 이 땅에 탄강하시고 법을 펴서 교화하시기가 49년이었으니 방편과 진리, 돈오(頓悟)와 점수(漸修)의 문호를 여시고, 헤아릴 수 없이 많은 다양한 교법을 내려 주셨다.
　근기(根機)에 따라 진리를 깨닫게 하신 데서 삼승(三乘)의 차별이 생겼으니, 사물에 접하는 대로 중생을 이롭게 하여 한량없는 중생을 제도하셨다. 그 자비는 넓고 컸으며 그 법식(法式)은 두루 갖추어져 있었다.
　쌍림(雙林)에서 열반에 드실 때 가섭(迦葉)에게만 유촉하신 것이 차츰차츰 전하여 달마에 이르러서 비로소 문자를 세우지 않고 마음의 근원을 곧바로 보이게 되었으니, 차례를 밟지 않고 당장에 부처의 경지에 오르게 되어 다섯 잎[1]이 비로소 무성하고 천 개의 등불[2]이 더욱 찬란하여서, 보배 있는 곳에 이른 이는 더욱 많고, 법의 바퀴를 굴린 이도 하나가 아니었다.
　부처님께서 부촉하신 종지와 정법안장(正法眼藏)이 유통되는 도리는 교리 밖에서 따로 행해지는 불가사의(不可思議)한 것이다.
　태조(太祖)께서 거룩하신 무력으로 전란을 진압하신 뒤에 사찰을 숭상하여 제도의 문을 활짝 여셨고, 태종(太宗)께서 밝으신 변재로 비밀한 법을 찬술하시어 참된 이치를 높이셨으며, 황상(皇上)[3]께서 높으신 학덕으로 조사의 뜻을 이어 거룩한 가르침에 머릿말을 쓰셔 종풍(宗風)을 잇게 하시니, 구름 같은 문장이 진리의 하늘에 빛나고, 부처의 황금같은 설법

---

1) 다섯 잎 : 중국 선종의 2조 혜가로부터 6조 혜능에 이르는 다섯 조사를 말한다.
2) 천 개의 등불 : 중국에 선법(禪法)이 전해진 이후 등장한 수많은 견성도인들을 말한다.
3) 황상(皇上) : 송의 진종(眞宗)을 말한다.

이 깨달음의 동산에 펼쳐졌다.

　대장경의 말씀에 비밀히 계합하고, 인도로부터의 법맥이 번창하니, 뭇 선행을 늘리는 이가 더욱 많아졌고, 요의(了義)[4]를 전하는 사람들이 간간이 나타나서 원돈(圓頓)의 교화가 이 지역에 퍼졌다.

　이에 동오(東吳)의 승려인 도원(道原)이 선열(禪悅)의 경지에 마음을 모으고, 불법의 진리를 샅샅이 찾으며, 여러 세대의 조사 법맥을 찾고, 제방의 어록(語錄)을 모아 그 근원과 법맥에 차례를 달고, 말씀들을 차례차례 엮되, 과거 7불로부터 대법안(大法眼)의 문도에 이르기까지 무릇 52세대, 1,701인을 수록하여 30권으로 만들어 경덕전등록이라 하여 대궐로 가지고 와서 유포해 주기를 청하였다.

　황상께서는 불법을 밖으로부터 보호하고자 하시고, 승려들의 부지런함을 가상히 여겨 마음가짐을 신중히 하고 생각을 원대히 하여 좌사간(左司諫) 지제고(知制誥) 양억(楊億)과 병부원외랑(兵部員外郞) 지제고(知制誥) 이유(李維)와 태상승(太常丞) 왕서(王曙) 등을 불러 교정케 하시니, 신(臣) 등은 우매하여 삼학(三學)[5]의 근본 뜻을 모르고 5성(五性)[6]의 방편에 어두우며, 훌륭한 번역 솜씨도 없고, 비야리 성에서 보인 유마 거사의 묵연(黙然) 도리[7]에도 둔하건만 공손히 지엄하신 하명(下命)을 받들어 감히 끝내 사양하지 못하였다.

　그 저술된 내용을 두루 살펴보면 대체로 진공(眞空)[8]으로써 근본을 삼고 있고, 옛 성인께서 도에 들던 인연을 서술할 때나 옛 사람이 진리를 깨달은 이야기를 표현할 땐 근기와 인연의 계합함이 마치 활쏘기와 칼쓰

---

4) 요의(了義) : 일을 다 마친 도리, 깨달아서 깨달음마저 두지 않는 경지를 말한다.
5) 삼학(三學) : 계(戒), 정(定), 혜(慧).
6) 5성(五性) : 법상종의 용어. 일체중생의 근기를 다섯 성품으로 나누어서 성불할 근기와 성불하지 못할 근기로 나누었다.
7) 유마 거사의 묵연 도리 : 유마 거사가 비야리성에서 그를 문병하러 온 문수보살과 법담을 할 때 잠자코 말이 없음으로 불이(不二)의 도리를 드러내 보인 일을 말한다.
8) 진공(眞空) : 색(色)이니 공(空)이니를 초월해서 누리는 경지.

기가 알맞는 것 같아 지혜가 갖추어진 데서 광명을 내어, 채찍 그림자만 보고도 달리는 말과 같은 상근기자(上根機者)들에게 널리 도움이 되고 있다.

　후학(後學)들을 인도함에는 현묘한 진리를 드날리고 있고, 다른 이야기를 가져올 때에는 출처를 밝히고 있으며, 다듬어지지 않은 부분도 많으나 훌륭한 부분도 찾아볼 수 있었다. 모든 대사들이 대중에게 도리를 보일 때에 한결같은 소리로 펼쳐 보이고 있으니 영특한 이가 귀를 기울여 듣는다면 무수한 성인들이 증명한다 할 것이다. 개괄해서 들추어도 그것이 바탕이어서 한군데만 취해도 그대로가 옳다.

　만일 별달리 더 붓을 댄다면 그 돌아갈 뜻을 잃을 것이다. 중국과 인도에서의 말이 이미 다르지 않은데 자칫하면 구슬에다 무늬를 새기려다 보배에 흠집을 낼 우려가 있기에, 이런 종류는 모두 그대로 두었다. 더욱이 일은 실제로 행한 것만을 취해 기록하여 틀림없이 잘 서술했으나 말이란 오래도록 남아 전해지는 까닭에 전혀 문장을 다듬지 않을 수는 없었다.

　어떤 사연을 기록할 때엔 그 자취를 자세히 하였고 말이 복잡해지거나 이야기가 저속한 것이 있으면 모두 삭제하되 문맥이 통하게 하였다.

　유교(儒敎)의 대신이나 거사(居士)의 문답에 이르러 벼슬자리와 성씨가 드러난 이는 연대와 역사에 비추어 잘못을 밝히고, 사적(史籍)에 따라 틀린 점을 바로잡아 믿을 만한 전기가 되게 하였다.

　만일 바늘을 던져 맞추듯 한 치의 어긋남 없이 도리를 밝히는 일이 아니거나, 번갯불이 치듯 빠른 기틀을 내보이는 일이 아니거나, 묘하게 밝은 참 마음을 보이는 일이 아니거나, 고(苦)와 공(空)의 깊은 이치를 조사(祖師)의 뜻 그대로 기술(記述)하는 일이 아니라면, 어떻게 등불을 전한다는 전등(傳燈)이라는 비유에 계합(契合)하는 그 극진한 공덕을 베풀 수 있었겠는가?

　만일 감응(感應)한 징조만을 서술하거나 참문하고 행각한 자취만을 기록한다 할 것 같으면 이는 이미 승사(僧史)에 밝혀져 있는 것이니, 어째서 선가(禪家)의 말씀을 굳이 취하겠는가? 세대와 계보의 명칭을 남긴 것만이 아니라 스승과 제자가 이어지는 근거를 널리 기록하였다.

 그러나 옛날 책에 실린 것을 보면 잘 다듬어지지 않은 내용을 수록하고 잘 다듬어진 것은 버린 일이 있는데, 다른 기록에 남아 있으면 해당하는 문장을 찾아 보완하고, 더욱 널리 찾아서 덧붙이기도 하였다. 또한 서문과 논설에 이르러 혹 옛 조사(祖師)의 문장이 아닌 것이 사이사이 섞이어 공연히 군소리가 되었으면 모두 간추려서 다 깎아버렸으니, 이같이 하여 1년 만에 일이 끝났다.

 저희 신(臣)들은 성품과 식견이 우둔하고, 학문이 넓지 못하고, 기틀이 본래 얕고, 문장력은 부족하여 묘한 도리가 사람에게 달렸다고는 하나 마음에서 떠난 지 오래되고 깊은 진리를 나타내는 말이 세속에서 단절되어, 담벽을 마주한 듯 갑갑하게 지낸 적이 많았다. 과분하게도 추천해 주시는 은혜를 받았으나 아무 힘도 발휘하지 못했다. 편찬하는 일이 이미 끝났으므로 이를 임금님께 바친다. 그러나 임금님의 뜻에 맞지 않아, 임금님께서 거룩히 살펴보시는 데에 공연히 누만 끼치는 것이 아닌가 한다. 삼가 바친다.

            한림학사조산대부행좌사간지제고동
            수국사판사관사주국남양군개국후식읍
            1천백호사자금어대신 양억 지음

景德傳燈錄序 昔釋迦文。以受然燈之夙記當賢劫之次補。降神演化四十九年。開權實頓漸之門。垂半滿偏圓之教。隨機悟理。爰有三乘之差。接物利生。乃度無邊之眾。其悲濟廣大矣。其軌式備具矣。而雙林入滅。獨顧於飲光。屈眴相傳。首從於達磨。不立文字直指心源。不踐楷梯逕登佛地。逮五葉而始盛。分千燈而益繁。達寶所者蓋多。轉法輪者非一。蓋大雄付囑之旨。正眼流通之道。教外別行不可思議者也。

聖宋啟運人靈幽贊。太祖以神武戡亂。而崇淨刹。闢度門。太宗以欽明禦辯。而述祕詮。暢真諦。皇上睿文繼志而序聖教繹宗風。煥雲章於義天。振金聲於覺苑。蓮藏之言密契。竺乾之緒克昌。殖眾善者滋多。傳了義者間出。圓頓之化流於區域。有東吳僧道原者。冥心禪悅。索隱空宗。披弈世之祖圖。采諸方之語錄。次序其源派。錯綜其辭句。由七佛以至大法眼之嗣。凡五十二世。一千七百一人。成三十卷。目之曰景德傳燈錄。詣闕奉進冀於流布。

皇上爲佛法之外護。嘉釋子之勤業。載懷重慎。思致悠久。乃詔翰林學士左司諫知制誥臣楊億。兵部員外郎知制誥臣李維。太常丞臣王曙等。同加刊削。俾之裁定。臣等昧三學之旨迷五性之方。乏臨川翻譯之能。懵毘邪語默之要。恭承嚴命。不敢牢讓。竊用探索匪遑寧居。考其論譔之意。蓋以真空爲本。將以述曩聖入道之因。標昔人契理之說。機緣交激。若拄於箭鋒。智藏發光。旁資於鞭影。

誘道後學。敷暢玄猷。而捃摭之來。徵引所出。糟粕多在。油素可尋。其有大士。示徒。以一音而開演。含靈聳聽。乃千聖之證明。屬概舉之是資。取少分而斯可。若乃別加潤色失其指歸。既非華竺之殊言。頗近錯雕之傷寶。如此之類悉仍其舊。況又事資紀實。必由於善敘。言以行遠。非可以無文。其有標錄事緣。縷詳軌跡。或辭條之紛糾。或言筌之猥俗。並從刊削。俾之綸貫。

至有儒臣居士之問答。爵位姓氏之著明。校歲歷以愆殊。約史籍而差謬。鹹用刪去。以資傳信。自非啟投針之玄趣。馳激電之迅機。開示妙明之真心。祖述苦空之深理。即何以契傳燈之喻。施刮膜之功。若乃但述感應之徵符。專敘參遊之轍跡。此已標於僧史。亦奚取於禪詮。聊存世系之名。庶紀師承之自然而舊錄所載。或掇粗而遺精。別集具存。當尋文而補闕。率加采擷。爰從附益。逮於序論之作。或非古德之文。問廁編聯徒增棺釀（棺釀二字出唐張燕公文集。謂冗長也）亦用簡別多所屏去。汔茲周歲方遂終篇。臣等性識媿於冥煩。學問慚於涉獵。天機素淺。文力無餘。妙道在人。雖刻心而斯久。玄言絕俗。固牆面以居多。濫膺推擇之私。靡著發揮之效。已克終於紬繹。將仰奉於清間。莫副宸襟空塵睿覽。謹上。

翰林學士朝散大夫行左司諫知制誥同
修國史判史館事柱國南陽郡開國侯食邑
一千百戶賜紫金魚袋臣楊億 撰

승려 희위(希渭)의 경덕전등록 재발간사

호주로(湖州路) 도량산(道場山) 호성만세선사(護聖萬歲禪寺)의 늙은 중 희위(希渭)는 본관이 경원로(慶元路) 창국주(昌國州)이며 성은 동(董)씨다.

어릴 때부터 고향의 성에 있는 관음선사(觀音禪寺)에 가서 절조(絶照) 화상을 스승으로 삼았고, 법명(法名)을 받게 되어 자계현(慈溪縣) 개수(開壽)의 보광선사(普光禪寺)에 가서 용원(龍源) 화상에 의해 머리를 깎고 중이 되었다.

그대로 오대율사(五臺律寺)로 가서 설애(雪涯) 화상에게 구족계를 받은 뒤에 짐을 꾸려 서쪽으로 향해 행각을 떠나 수행을 하다가 나중에 다시 은사이신 용원 화상을 만나 이 산으로 옮겨 왔다.

스승을 따라 배움에 참여하고 이로움을 구한 지 벌써 여러 해가 되었다. 항상 스승의 은혜를 생각하면서도 갚을 기회가 없었다. 그런데 삼가 윗대로부터의 부처와 조사들을 수록한 경덕전등록 30권을 보니 7불로부터 법안(法眼)의 법사(法嗣)에 이르기까지 전부 52세대(世代)인데, 경덕(景德)에서 연우(延祐) 병진년에 이르기까지 317년이나 지나서 옛 판본이 다 썩어버려 남아있지 않기 때문에 후학들이 보고 싶어도 볼 수가 없었다. 이에 발심하여 다시 간행한다.

홀연히 내 고향에 있는 천성선사(天聖禪寺)의 송려(松廬) 화상이 소장하고 있던, 여산(廬山)의 은암(隱庵)에서 찍은 옛 책이 가장 보존이 잘 된 상태로 입수되었는데, 아주 내 마음에 들었다. 마침내 병진(丙辰)년 정월 10일에 의발 등속을 모두 팔아 1만 2천여 냥을 얻었다. 그날 당장에 공인(工人)에게 간행할 것을 명하여 조사의 도리가 세상에 유포되게 하였다. 이 책은 모두 36만 7천 9백 17자이다. 그해 음력 12월 1일에야 공인의 작업이 끝났다.

당장에 300부를 인쇄하여 전당강(錢塘江) 남북지역과 안중(安衆)지역[9]의 여러 명산(名山)의 방장(方丈)[10]과 몽당(蒙堂)[11]과 여러 요사(寮舍)[12]에 한 부씩을 비치케 하여 온 세상의 도를 분변(分辨)하는 참선납자(參禪衲子)들이 참구하기에 편하도록 하였다. 이를 잘 이용하여 사은(四恩)[13]을 갚고 아울러 삼유(三有)의 중생[14]에게도 도움이 되기 바란다.

            대원(大元) 연우(延祐) 3년[15] 음력 12월 1일
              늙은 중 희위(希渭)가 삼가 쓰고
            젊은 비구 문아(文雅)가 간행을 감독하고
              주지 비구 사순(士洵)이 간행하다.

---

9) 두 지역은 희위 스님의 고향인 호주(湖州)와 비교적 인접한 지역들이다.
10) 방장(方丈) : 절의 주지가 거처하는 방. 지금은 견성한 이가 아니더라도 주지를 맡고 있으나 그 당시에는 견성한 도인이라야 그 절의 주지를 맡았다. 따라서 방장에는 대체로 법이 높은 스님이 기거하는 경우가 대부분이었다.
11) 몽당(蒙堂) : 승사(僧寺)의 일에서 물러난 사람이 거처하는 방.
12) 요사(寮舍) : 절에서 대중이 숙식하는 방.
13) 사은(四恩) : 보시(布施), 자애(慈愛), 화도(化導), 공환(共歡)의 네가지 시은(施恩), 또는 부모(父母), 중생(衆生), 국왕(國王), 삼보(三寶)의 네가지 지은(知恩).
14) 삼유(三有)의 중생 : 욕계(慾界), 색계(色界), 무색계(無色界)의 삼계(三界)를 유전하는 미혹한 중생.
15) 서기 1316년.

차 례

서문 35
양억(楊億)의 경덕전등록 서문 37
승려 희위(希渭)의 경덕전등록 재발간사 42
일러두기 48
13권 법계보 49

남악(南嶽) 회양(懷讓) 선사와 조계(曹谿)에서 곁가지로 나온 법손(法孫) 59

회양(懷讓) 선사의 제7세
앞의 영주(郢州) 파초산(芭焦山) 혜청(慧淸) 선사의 법손 61
  영주(郢州) 홍양산(興陽山) 청양(淸讓) 선사 61
  홍주(洪州) 유곡산(幽谷山) 법만(法滿) 선사 64

앞의 길주(吉州) 자복(資福) 여보(如寶) 선사의 법손 66
　길주(吉州) 자복(資福) 정수(貞邃) 선사(제2세 주지) 66
　길주(吉州) 복수(福壽) 화상 70
　담주(潭州) 녹원(鹿苑) 화상 72

앞의 여주(汝州) 보응(寶應) 남원(南院) 화상의 법손 75
　여주(汝州) 풍혈(風穴) 연소(延沼) 선사 75

앞의 여주(汝州) 서원(西院) 사명(思明) 선사의 법손 103
　영주(郢州) 흥양(興陽) 귀정(歸靜) 선사 103

앞의 소주(韶州) 혜림(慧林) 홍구(鴻究) 선사의 법손 106
　소주(韶州) 영서(靈瑞) 화상 106

회양(懷讓) 선사의 제8세
앞의 풍혈(風穴) 연소(延沼) 선사의 법손 109
　여주(汝州) 광혜(廣慧) 진(眞) 선사 109
　여주(汝州) 수산(首山) 성념(省念) 선사 111

앞의 담주(潭州) 보자(報慈) 귀진(歸眞) 덕소(德韶) 대사의 법손 130
　기주(蘄州) 삼각산(三角山) 지겸(志謙) 선사 130
　영주(郢洲) 흥양(興陽) 사탁(詞鐸) 선사(제3세 주지) 132

회양(懷讓) 선사의 제9세

46　전등록 13권

앞의 여주(汝州) 수산(首山) 성념(省念) 선사의 법손 134
　분주(汾州) 선소(善昭) 선사 134

조계(曹谿)에서 곁가지로 나온 제2세
앞의 남양(南陽) 혜충(慧忠) 국사의 법손 138
　길주(吉洲) 탐원산(耽源山) 진응(眞應) 선사 138

낙양(洛陽) 하택(荷澤) 신회(神會) 대사의 법손 143
　황주(黃州) 대석산(大石山) 복림(福琳) 선사 143
　기수(沂水) 몽산(蒙山) 광보(光寶) 선사 146

조계(曹谿)에서 곁가지로 나온 제5세
앞의 수주(遂州) 도원(道圓) 선사의 법손 149
　종남산(終南山) 규봉(圭峰) 종밀(宗密) 선사 149

색인표 189

부록1　농선 대원 선사님 인가 내력 199
부록2　농선 대원 선사님 법어 207
부록3　21세기에 인류가 해야 할 일 249
부록4　가슴으로 부르는 불심의 노래 253

일러두기

1. 대만에서 펴낸 『경덕전등록(景德傳燈錄)』(宋釋道原 編, 新文豊出版公司, 民國 75년, 1986년)에 의거해서 번역했으며 누락된 부분 없이 완역하였다.
2. 농선 대원 선사가 각 선사장마다 선리의 토끼뿔을 더하여 닦아 증득하는 데 도움이 되도록 하였다.
3. 뜻이 통하지 않는데도 오자가 아닐 때는 옛 한문 사전에서 그 조사 당시에 그 글자가 어떻게 쓰였는가를 찾아 번역하였다. 예를 들어 '還'자가 돌아올 '환'으로가 아니라 영위할 '영'으로 쓰여 뜻이 통한 경우에는 '영위하다' '누리다'로 의역하였다.
4. 선사들의 생몰연대는 여러 기록된 내용이 일치하지 않거나 미상으로 되어 있는 바가 많아, 각 선사 당시의 나라와 왕의 연대, 불교의 상황 등을 역사학자들이 전문적으로 연구하여 밝혀야 할 부분이 있기에, 이 책에서는 여러 자료와 연구 결과가 일치된 내용만을 주에서 표기하였다.
5. 첨가한 주의 내용은 불교에 대한 지식이 없는 이들도 선문답을 참구해 가는데 도움이 되도록 간략하게 달았으며, 주의 내용에 따라서는 사전적인 뜻보다는 선리(禪理)로서 그 뜻을 밝혀 마음에 비추어 참구할 수 있도록 하였다.

13권 법계보

남악(南嶽) 회양(懷讓) 선사와 조계(曹谿)에서 곁가지로 나온 77인

회양(懷讓) 선사의 제7세 11인
영주(郢州) 파초산(芭蕉山) 혜청(慧淸) 선사의 법손 4인
- 영주(郢州) 흥양산(興陽山) 청양(淸讓) 선사
- 홍주(洪州) 유곡산(幽谷山) 법만(法滿) 선사
  (이상 2인은 본문에 기록되어 있다. 원주)
- 영주(郢州) 흥양(興陽) 의심(義深) 선사
- 파초산(芭蕉山)의 제2세 주우(住遇) 선사
  (이상 2인은 본문에 기록되어 있지 않다. 원주)

길주(吉州) 자복(資福) 여보(如寶) 선사의 법손 4인
- 길주(吉州) 자복(資福) 정수(貞邃) 선사
- 길주(吉州) 복수(福壽) 화상
- 담주(潭州) 녹원(鹿苑) 화상
  (이상 3인은 본문에 기록되어 있다. 원주)
- 담주(潭州) 보자(報慈) 덕소(德韶) 대사
  (이상 1인은 본문에 기록되어 있지 않다. 원주)

13권 법계보

여주(汝州) 보응(寶應) 남원(南院) 화상의 법손 1인
- 여주(汝州) 풍혈(風穴) 연소(延沼) 선사

  (이상 1인은 본문에 기록되어 있다. 원주)

여주(汝州) 서원(西院) 사명(思明) 선사의 법손 1인
- 영주(郢州) 흥양(興陽) 귀정(歸靜) 선사

  (이상 1인은 본문에 기록되어 있다. 원주)

소주(韶州) 혜림(慧林) 홍구(鴻究) 선사의 법손 1인
- 소주(韶州) 영서(靈瑞) 화상

  (이상 1인은 본문에 기록되어 있다. 원주)

회양(懷讓) 선사의 제8세 6인
여주(汝州) 풍혈(風穴) 연소(延沼) 선사의 법손 4인
- 여주(汝州) 광혜(廣慧) 진(眞) 선사
- 여주(汝州) 수산(首山) 성념(省念) 선사

  (이상 2인은 본문에 기록되어 있다. 원주)

- 봉상(鳳翔) 장흥(長興) 화상
- 담주(潭州) 영천(靈泉) 화상

  (이상 2인은 본문에 기록되어 있지 않다. 원주)

13권 법계보

담주(潭州) 보자(報慈) 귀진(歸眞) 대사 덕소(德韶)의 법손 2인
- 기주(蘄州) 삼각산(三角山) 지겸(志謙) 선사
- 영주(郢洲) 홍양(興陽) 사탁(詞鐸) 선사

  (이상 2인은 본문에 기록되어 있지 않다. 원주)

회양(懷讓) 선사의 제9세 1인
여주(汝州) 수산(首山) 성념(省念) 선사의 법손 1인
- 분주(汾州) 선소(善昭) 선사

  (이상 1인은 본문에 기록되어 있다. 원주)

조계(曹谿)에서 곁가지로 나온 제2세 30인
나부산(羅浮山) 정진(定眞) 화상의 법손 1인
- 나부산(羅浮山) 영운(靈運) 선사

  (이상 1인은 본문에 기록되어 있지 않다. 원주)

제공산(制空山) 도진(道進) 화상의 법손 1인
- 형주(荊州) 현각(玄覺) 선사

  (이상 1인은 본문에 기록되어 있지 않다. 원주)

13권 법계보

소주(韶州) 하회전(下回田) 선쾌(善快) 화상의 법손 1인
- 선오(善悟) 선사

  (이상 1인은 본문에 기록되어 있지 않다. 원주)

사공산(司空山) 본정(本淨) 화상의 법손 1인
- 중사(中使) 양광정(楊光庭)

  (이상 1인은 본문에 기록되어 있지 않다. 원주)

연소(緣素) 화상의 법손 2인
- 소주(韶州) 소도진(小道進) 선사
- 소주(韶州) 유적(遊寂) 선사

  (이상 2인은 본문에 기록되어 있지 않다. 원주)

기타(祇陀) 화상의 법손 1인
- 형주(衡州) 도천(道倩) 선사

  (이상 1인은 본문에 기록되어 있지 않다. 원주)

남양(南陽) 혜충(慧忠) 국사의 법손 5인
- 길주(吉洲) 탐원산(耽源山) 진응(眞應) 선사

  (이상 1인은 본문에 기록되어 있다. 원주)

- 당(唐) 숙종(肅宗) 황제

13권 법계보

- 당(唐) 대종(代宗) 황제
- 개봉(開封) 손지고(孫知古)
- 등주(鄧州) 향엄(香嚴) 유계(惟戒) 선사
  (이상 4인은 본문에 기록되어 있지 않다. 원주)

낙양(洛陽) 하택(荷澤) 신회(神會) 대사의 법손 18인

- 황주(黃州) 대석산(大石山) 복림(福琳) 선사
- 기수(沂水) 몽산(蒙山) 광보(光寶) 선사
  (이상 2인은 본문에 기록되어 있다. 원주)
- 자주(磁州) 법여(法如) 선사
- 회안군(懷安郡) 서은산(西隱山) 진평(進平) 선사
- 예양(澧陽) 혜연(慧演) 선사
- 하양(河陽) 회공(懷空) 선사
- 남양(南陽) 원진(圓震) 선사
- 의춘(宜春) 광부(廣敷) 선사
- 강릉(江陵) 행각(行覺) 선사
- 오대산(五臺山) 신영(神英) 선사
- 오대산(五臺山) 무명(無名) 선사
- 남악(南嶽) 호옥(皓玉) 선사
- 선주(宣州) 지만(志滿) 선사
- 부주(涪州) 낭(朗) 선사

13권 법계보

- 광릉(廣陵) 영탄(靈坦) 선사
- 영주(寧州) 통은(通隱) 선사
- 익주(益州) 남인(南印) 선사
- 하남윤(河南尹) 이상(李常)
  (이상 16인은 본문에 기록되어 있지 않다. 원주)

조계(曹谿)에서 곁가지로 나온 제3세 9인
하회전(下回田) 선오(善悟) 선사의 법손 1인
- 담주(潭州) 무학(無學) 선사
  (이상 1인은 본문에 기록되어 있지 않다. 원주)

형주(衡州) 도천(道倩) 화상의 법손 1인
- 호남(湖南) 여보(如寶) 선사
  (이상 1인은 본문에 기록되어 있지 않다. 원주)

탐원산(耽源山) 진응(眞應) 화상의 법손 1인
- 길주(吉州) 정수(貞邃) 선사
  (이상 1인은 본문에 기록되어 있지 않다. 원주)

자주(磁州) 법여(法如) 화상의 법손 1인
- 형남(荊南) 유충(惟忠) 선사
  (이상 1인은 본문에 기록되어 있지 않다. 원주)

13권 법계보

하양(河陽) 회공(懷空) 화상의 법손 1인
- 채주(蔡州) 도명(道明) 선사

  (이상 1인은 본문에 기록되어 있지 않다. 원주)

오아산(烏牙山) 원진(圓震) 선사의 법손 2인
- 오두타(吳頭陀)
- 사면산(四面山) 법지(法智) 선사

  (이상 2인은 본문에 기록되어 있지 않다. 원주)

오대산(五臺山) 무명(無名) 선사의 법손 1인
- 오대(五臺) 화엄(華嚴) 징관(澄觀) 대사

  (이상 1인은 본문에 기록되어 있지 않다. 원주)

익주(益州) 남인(南印) 화상의 법손 1인
- 의면(義俛) 선사

  (이상 1인은 본문에 기록되어 있지 않다. 원주)

조계(曹谿)에서 곁가지로 나온 제4세 5인
형남(荊南) 유충(惟忠) 선사의 법손 4인

  (충 선사를 남인(南印)으로도 부른다. 원주)

13권 법계보

- 도원(道圓) 선사
- 익주(益州) 여일(如一) 선사
- 봉국(奉國) 신조(神照) 선사
- 여산(廬山) 동림아(東林雅) 선사
  (이상 4인은 본문에 기록되어 있지 않다. 원주)

오두타(吳頭陀)의 법손 1인
- 현고(玄固) 선사
  (이상 1인은 본문에 기록되어 있지 않다. 원주)

조계(曹谿)에서 곁가지로 나온 제5세 4인
수주(遂州) 도원(道圓) 선사의 법손 1인
- 종남산(終南山) 규봉(圭峰) 종밀(宗密) 선사
  (이상 1인은 본문에 기록되어 있다. 원주)

봉국(奉國) 신조(神照) 선사의 법손 3인
- 진주(鎭州) 상일(常一) 선사
- 활주(滑州) 지원(智遠) 선사
- 녹대(鹿臺) 현수(玄邃) 선사
  (이상 3인은 본문에 기록되어 있지 않다. 원주)

13권 법계보

조계(曹谿)에서 곁가지로 나온 제6세 11인
규봉(圭峯) 종밀(宗密) 선사의 법손 6인
- 규봉(圭峯) 온(溫) 선사
- 자은사(慈恩寺) 태공(太恭) 선사
- 홍선사(興善寺) 태석(太錫) 선사
- 만승사(萬乘寺) 종(宗) 선사
- 서성사(瑞聖寺) 각(覺) 선사
- 화도사(化度寺) 인유(仁瑜) 선사
  (이상 6인은 본문에 기록되어 있지 않다. 원주)

녹대(鹿臺) 현수(玄邃) 선사의 법손 1인
- 용흥(龍興) 염(念) 선사
  (이상 1인은 본문에 기록되어 있지 않다. 원주)

활주(滑州) 지원(智遠) 선사의 법손 4인
- 팽문(彭門) 심용(審用) 선사
- 원조(圓照) 선사
- 상방(上方) 진(眞) 선사
- 동경(東京) 법지(法志) 선사
  (이상 4인은 본문에 기록되어 있지 않다. 원주)

남악(南嶽) 회양(懷讓) 선사와 조계(曹谿)에서 곁가지로 나온 법손(法孫)

회양(懷讓) 선사의 제7세
앞의 영주(郢州) 파초산(芭蕉山) 혜청(慧淸) 선사의 법손

영주(郢州) 홍양산(興陽山) 청양(淸讓) 선사

청양 선사에게 어떤 승려가 물었다.
"대통지승불(大通智勝佛)이 십겁을 도량에 앉아 있어도 불법이 나타난 적이 없고 불도를 이룬 적도 없을 때가 어떠합니까?"
대사가 말하였다.
"지당하고 지당한 말이니라."

懷讓禪師第七世 前郢州芭蕉山慧淸禪師法嗣 郢州興陽山淸讓禪師。僧問。大通智勝佛十劫坐道場。佛法不現前不得成佛道時如何。師曰。其問甚諦當。

승려가 말하였다.

"이미 도량에 앉았는데 어째서 불도를 이룬 적도 없습니까?"

"너도 부처를 이룰 수는 없느니라."

僧曰。既是坐道場。為什麼不得成佛道。師曰。為伊不成佛。

 토끼뿔

"대통지승불(大通智勝佛)이 십겁을 도량에 앉아 있어도 불법이 나타난 적이 없고 불도를 이룬 적도 없을 때가 어떠합니까?" 하면

대원은 "대통지승불이니라." 하고

이미 도량에 앉았는데 어째서 불도를 이룬 적도 없습니까?" 했을 때

대원은 "대통지승불이니라." 하리라.

홍주(洪州) 유곡산(幽谷山) 법만(法滿) 선사

법만 선사에게 어떤 승려가 물었다.
"어떤 것이 도입니까?"
대사가 말없이 보이고 말하였다.
"알겠는가?"
"학인이 모르겠습니다."
대사가 말하였다.
"도(道)를 말하되 말 아래 소리 없이 깊은 뜻을 드러냈으니, 선(禪)의 요긴함을 바로 알아야 한다. 진실로 별다를 것까지도 없다."

洪州幽谷山法滿禪師。僧問。如何是道。師良久曰。會麽。僧曰。學人不會。師曰。話道語下無聲。擧揚奧旨丁寧。禪要如今會取。不須別後消停。

 토끼뿔

"어떤 것이 도입니까?" 했을 때

대원은 "그대는 묻고, 나는 대답한다." 하리라.

앞의 길주(吉州) 자복(資福) 여보(如寶) 선사의 법손

길주(吉州) 자복(資福) 정수(貞邃) 선사(제2세 주지)

정수 선사에게 어떤 승려가 물었다.
"화상께서 고인(古人)을 보았을 때에 어떤 이치를 깨달았기에 문득 쉬셨습니까?"
대사가 원상(圓相)을 그려 보였다.
"어떤 것이 고인의 노래입니까?"
대사가 또 원상을 그려 보였다.

前吉州資福如寶禪師法嗣 吉州資福貞邃禪師(第二世住)。僧問。和尙見古人得何意旨便歇去。師作圓相示之。問如何是古人歌。師作圓相示之。

"어떤 것이 최초의 일구(一句)입니까?"
"세계가 갖추어지기 전부터 그대도 여기에 있었느니라."

"백장이 자리를 걷은 뜻이 무엇입니까?"
대사가 말없이 보였다.

"고인이 전삼삼(前三三) 후삼삼(後三三)[1]이라 한 뜻이 무엇입니까?"
"그대의 이름이 무엇인가?"
"아무개입니다."
"차나 들게."

대사가 대중에게 말하였다.
"강 건너에서 자복의 깃발〔刹竿〕을 보자마자 돌아간다 해도 그의 발꿈치에 30방을 때려야 하겠거늘 하물며 강을 건너온 때이겠는가?"

問如何是最初一句。師曰。未具世界時闍梨亦在此。問百丈卷席意如何。師良久。問古人道前三三後三三意如何。師曰。汝名什麼。曰某甲。師曰。喫茶去。師謂眾曰。隔江見資福刹竿便迴去。脚跟也好與三十棒。豈況過江來時。

---

1) 벽암록 35칙에서 무착 선사가 묻기를 "이곳의 대중은 많습니까, 적습니까?" 하니 문수보살이 이르기를 "전삼삼 후삼삼이니라." 하였다.

이 때에 어떤 승려가 나서자마자, 대사가 말하였다.
"같이 말할 만하지 못하다."
"어떤 것이 옛 부처님의 마음입니까?"
"산하대지이니라."

有僧纔出。師曰。不堪共語。問如何是古佛心。師曰。山河大地。

 토끼뿔

"어떤 것이 최초의 일구(一句)입니까?" 했을 때

대원은 "동구 밖의 천하대장군이 나 먼저 누설했느니라." 하리라.

길주(吉州) 복수(福壽) 화상

복수 화상에게 어떤 승려가 물었다.
"조사의 뜻과 교리의 뜻이 같습니까, 다릅니까?"
대사가 손을 벌렸다.

어떤 이가 물었다.
"문수는 사자를 타고 보현은 코끼리를 탔는데, 석가는 무엇을 탑니까?"
대사가 손을 들고 말하였다.
"사사(邪邪)."

吉州福壽和尚。僧問。祖意教意同別。師乃展手。問文殊騎師子普賢騎象。未審釋迦騎什麼。師舉手云。邪邪。

토끼뿔

"문수는 사자를 타고 보현은 코끼리를 탔는데, 석가는 무엇을 탑니까?" 했을 때

대원은 "잘 보라." 하리라.

담주(潭州) 녹원(鹿苑) 화상

녹원 화상에게 어떤 승려가 물었다.
"다른 국토에서 부처를 이루면 다른 이름이 있겠습니까?"
대사가 원상을 그려 보였다.

"어떤 것이 녹원의 한 길입니까?"
"길료(吉嘹)[2]의 혀 끝으로 물어 봐라."

승려가 물었다.
"어떤 것이 문을 닫고 수레를 만드는 것입니까?"[3]
대사가 말하였다.

潭州鹿苑和尙。僧問。餘國作佛還有異名也無。師作圓相示之。問如何是鹿苑一路。師曰。吉嘹舌頭問將來。問如何是閉門造車。師曰。

---

2) 길료(吉嘹) : 새의 이름.
3) 수레는 양쪽 바퀴 사이의 거리가 일정하게 정해져 있어서 문을 닫고 집안에서 수레를 만들어 밖에 나가 수레바퀴를 합쳐도 길에 만들어둔 궤도(레일)나 앞서 지나간 바퀴자국에 들어맞았다. 당나라 때 선승의 행적과 법어 등을 수록한 조당집(祖堂集)에 '보현행을 닦으려는 이는 먼저 진리를 밝히고 인연 따라 수행하면 불조의 수행과 상응하게 될 것이다. 이는 마치 문을 닫고 수레를 만들고 밖에 나가 바퀴를 짜 맞추는 것과 같다'라고 하였다. 폐문조거 출문합철(閉門造車出門合轍)이라는 한자성어가 있다.

"남악(南嶽)의 돌다리이니라."
"어떤 것이 문에 나서서 수레를 맞추는 것입니까?"
"주장자 끝에 신발을 걸었느니라."

대사가 법상에 올라 손을 벌리고 말하였다.
"천하의 노화상과 여러 상좌들의 목숨이 모두 이 속에 있다."
어떤 승려가 나와서 말하였다.
"거두어 들일 수 있습니까?"
"천태산 돌다리 옆이니라."
"저는 그렇지 않습니다."
"복유상향(伏惟尚饗)."

"어떤 것이 세존께서 설함 없이 설한 것입니까?"
"수미산이 넘어졌느니라."
"어떤 것이 가섭이 들음 없이 듣는 것입니까?"
"대해(大海)가 말랐느니라."

南嶽石橋。僧曰。如何是出門合轍。師曰。拄杖頭鞋。上堂展手云。天下老和尚諸上座命根總在這裏。有一僧出曰。還收得也無。師曰。天台石橋側。僧曰某甲不恁麼。師曰。伏惟尚饗。如何是世尊不說說。師曰。須彌山倒。曰如何是迦葉不聞聞。師曰。大海枯竭。

토끼뿔

"어떤 것이 세존께서 설함없이 설하신 것입니까?" 했을 때

대원은 "49년 설함이다." 하리라.

앞의 여주(汝州) 보응(寶應) 남원(南院) 화상의 법손

여주(汝州) 풍혈(風穴) 연소(延沼) 선사

연소 선사[4]는 여항 사람으로 처음에 월주(越州) 경청(鏡淸) 순덕(順德) 대사에게 출가하였다.

그러나 깊은 경지에 이르지 못하다가 이어 양주(襄州)의 화엄원(華嚴院)에 가서 수랑(守廊) 상좌를 만났는데, 그가 곧 남원의 시자였다. 그리하여 남원의 종지를 비밀히 알아 버렸다.

남원을 처음 보았을 때 절도 하지 않고 불쑥 물었다.

前汝州寶應和尚法嗣(亦曰南院)汝州風穴延沼禪師。餘杭人也。初發迹於越州鏡淸順德大師。未臻堂奧。尋詣襄州華嚴院。遇守廊上坐。即汝南院侍者也。乃密探南院宗旨。後至南院初見不禮拜。便問曰。

---

4) 연소 선사(896 ~ 973).

"문에 들어 주인을 가려낸 분명한 뜻을 스님께서 판단해 주십시오."

남원이 왼손으로 무릎을 만지니, 대사가 할을 하였다. 남원이 다시 오른손으로 무릎을 만지니, 대사가 또 할을 하였다.

이에 남원이 왼손을 들면서 말하였다.

"이것은 곧 그대 마음대로 하거니와."

다시 오른손을 들면서 말하였다.

"이것은 또 어찌하겠는가?"

대사가 말하였다.

"소경이군요."

남원이 주장자를 들려는데 대사가 말하였다.

"무엇 하려고요? 주장자를 뺏어서 노화상을 때리거든 이르지 못했다고 하지 마십시오."

남원이 말하였다.

入門須辨主。端的請師分。南院以左手拊膝。師喝。南院以右手拊膝。師又喝。南院擧左手曰。這箇即從闍梨。又擧右手曰。這箇又作麼生。師曰。瞎。南院擬拈拄杖次。師曰。作什麼。奪拄杖打著老和尚。莫言不道。南院曰。

"30년 주지를 지냈으나 오늘 절강에서 온 중〔黃面淛子〕5)한테 모함을 당하는구나〔羅織〕6)."

"화상은 마치 발우도 없는 이가 시장하지 않다고 속이는 것 같습니다."

"그대는 언제 남원에 왔는가?"

"그게 무슨 말씀입니까?"

"노승이 그대가 분명한 지를 물었느니라."

"또한 놓칠 수 없는 것입니다."

"앉아서 차나 드세."

대사가 비로소 제자의 예를 올렸다. 이로부터 위산과 앙산이 예언한 대로 세상에 드러나서 무리를 모으니, 이로 해서 남원의 법이 제방에 크게 흥하였다.

三十年住持。今日被黃面淛子上門羅織。師曰。和尚大似持鉢不得詐道不饑。南院曰。闍梨幾時曾到南院來。師曰。是何言歟。曰老僧端的問汝。師曰。也不得放過。南院曰。且坐喫茶。師方敍師資之禮。自後應潙仰之懸記出世聚徒。南院法道由是大振諸方矣。

---

5) 황면절자(黃面淛子) : 원문의 황면절자(黃面淛子)는 강서성, 절강성 일대의 스님을 말한다. '어린아이'라고 해석하기도 한다.

6) 나직(羅織) : 원문의 나직(羅織)은 모함을 당한다는 뜻이다.(중국에서 쓰는 말임)

대사가 법상에 올라 대중에게 말하였다.

"조사의 심인(心印)을 온통 보이리라. 초월했다 하여도 조사의 심인에 머무른 것이요, 머물렀다면 조사의 심인은 파괴된 것이다. 다만 이러-해서 초월하지 못했다 하거나 머물지 않았다 하여도 조사의 심인은 바로 이것이요, 조사의 심인이 아니라 하여도 바로 이것이니 대중 가운데 이를 수 있는 이가 있느냐?"

이때에 노파(廬陂) 장로라는 이가 나와서 물었다.

"학인에게 무쇠소 기틀이 있으나 스님께서는 인가한다고 말아주십시오."

대사가 말하였다.

"고래를 낚으려고 크고 맑은 물에 갔는데 도리어 진흙탕을 헤매는 개구리구나, 애석하구나."

노파가 가만히 헤아려 말하려고 하는데, 대사가 불자를 들어 입을 때리고 말하였다.

"장로는 앞의 말을 기억하느냐?"

師上堂曰。祖師心印此日全提。去卽印住。住卽印破。只如不去不住。印卽是。不印卽是。衆中還有道得者麼。時有廬陂長老問曰。學人有鐵牛之機。請師不搭印。師云。慣釣鯨鯢澄巨浸。却嗟蛙步泥沙。廬陂擬進語。師以拂子驀口打。乃曰。記得前語麼。

노파가 무엇인가를 말하려 하는데 대사가 말하였다.

"드러내 봐라."

노파가 입을 열려는데, 대사가 불자로 또 한 번 때렸다.

법상에 올라 대중에게 말하였다.

"현묘한 법을 배우는 안목이라면 기틀에 임해서 대용(大用)을 나타내는 것이니 사소한 절차에 구애되지 마라. 설사 말하기 전에 깨달았다 해도 오히려 껍질에 걸리고 경계에 미혹하는 것이요, 비록 말한 뒤에 정밀하게 통한다 하여도 가는 곳마다 미친 소견을 면치 못한다. 그대들을 관찰하건대 전부터 남에 의해 알음알이로만 배워 왔으나, 이제 그대들의 미혹하고 어두운 두 갈래 길을 쓸어버려 사람마다 포효하는 사자가 되게 하여 천 길 높은 곳에 우뚝 서 있는 것 같이 하리니, 누가 감히 똑바로 보겠는가? 보았다면 눈먼 자다."

盧陂曰。記得。師曰。試舉看。盧陂欲開口。師又打一拂。上堂謂眾曰。夫參學眼目。臨機直須大用現前。莫自拘於小節。設使言前薦得。猶是滯殼迷封。縱然句下精通。未免觸途狂見。觀汝諸人從前依他學解。迷昧兩蹊。而今與汝一齊掃却。箇箇作大獅子兒。咤呀地哮吼一聲。壁立千仞。雖敢正眼覷著。若覷著卽瞎却渠眼。

어떤 승려가 물었다.

"스님은 누구의 곡조를 부르고, 누구의 종풍을 이으셨습니까?"

대사가 말하였다.

"이러-히 위음왕불 이전에 뛰어났거늘 공연히 발을 들고 저사(底沙)를 찬탄했구나."[7]

問師唱誰家曲宗風嗣阿誰。師曰。超然逈出威音外。翹足徒勞讚底沙

(本生經云。過去久遠有佛。名曰底沙。時有二菩薩。一名釋迦。二名彌勒。是佛觀見釋迦心未成熟而諸弟子心皆純熟如是思惟。一人之心易可速化。眾人之心難可疾治。即上雪山。入寶窟中入大禪定。時釋迦菩薩作外道仙人。上山採藥。見底沙佛。心生敬信。翹一脚立。叉手向佛一心而觀。目未曾瞬。七日七夜以一偈讚佛曰。天上天下無如佛。十方世界亦無比。世界所有我盡見。一切無有如佛者。於是超越九劫。於九十一劫得阿耨菩提)。

---

7) 본생경(本生經)에는 "아주 오랜 옛날에 저사(底沙)라는 부처님이 계셨고, 이때에 두 보살이 있었는데 한 분은 석가이고 한 분은 미륵이었다. 저사 부처님께서 관하니 석가보살 한 분만이 성숙했다는 것마저 없었고, 다른 제자들의 마음은 모두 이러함을 사유하여 익어가고 있었다. 이에 '한 사람의 마음은 교화하기 쉽고 뭇사람의 마음은 빨리 다스리기 어렵다.' 하고, 바로 설산에 올라가서 동굴 속에 들어 큰 선정에 들었다. 이때에 석가보살이 외도 선인의 몸으로 약을 캐러 산에 올라왔다가 저사 부처님을 보았다. 부처님을 뵙고는 기쁘고 공경하는 마음을 내어 한 발을 들고 차수하고 부처님을 향하여 일심으로 우러러 보며 잠시도 눈을 깜짝이지 않았다. 이렇게 7낮 7밤을 지내면서 게송으로 부처님을 찬탄하기를 '하늘 위나 하늘 아래에 부처님과 같을 이가 없고 시방세계에도 견줄 이가 없다. 세계에 있는 것을 두루 보았지만 부처님과 같은 이가 없더라.'고 하였다. 이 까닭에 9겁의 수행을 초월하여 91겁 만에 아뇩보리를 이루었다."라고 적혀 있다. (원주)

승려가 물었다.
"옛 곡조에 음률이 없을 적에는 어찌하여야 어우러질 수 있습니까?"
대사가 말하였다.
"나무닭이 밤중에 울고, 풀로 만든 개가 낮에 짖는다."

"어떤 것이 온통으로 부르는 부처입니까?"
"봉시등(鳳翅燈)이 이어져 집 앞을 비추고, 달그림자가 아미산(娥眉山)에 비치니 얼굴을 갸웃하고 본다."

"어떤 것이 부처입니까?"
"어떤 것이 부처가 아닌가?"

"현묘한 말씀을 알지 못하겠으니 스님께서 바로 가리켜 보여 주십시오."
"집이 해문주(海門洲)에 있으니 해가 뜨면 가장 먼저 비친다."

問古曲無音韻。如何和得齊。師曰。木雞啼子夜芻狗吠天明。問如何是一稱南無佛。師曰。燈連鳳翅當堂照。月影娥眉面看。問如何是佛。師曰。如何不是佛。問未曉玄言。請師直指。師曰。家住海門洲。扶桑最先照。

"둥근 달이 중천에 떴을 때가 어떠합니까?"
"천상으로 쫓아 구르는 것이 아니라면 마음대로 땅에다 묻어라."

"어떤 것이 부처입니까?"
"바람결에 우짖는 나무말은 인연의 얽매임이 없고, 등에 뿔이 솟은 진흙소를 채찍으로 아프게 때리노라."

"어떤 것이 광혜(廣慧)[8]의 검입니까?"
"죽은 놈은 베지 않는다."

"옛 거울을 갈지 않았을 때는 어떠합니까?"
"하늘 마귀의 간이 찢어지느니라."
"옛 거울을 갈은 뒤에는 어떠합니까?"
"헌원(軒轅)의 도랄 것도 없다."

問朗月當空時如何。師曰。不從天上輥。任向地中埋。問如何是佛。師曰。嘶風木馬緣無絆。背角泥牛痛下鞭。問如何是廣慧劍。師曰。不斬死漢。問古鏡未磨時如何。師曰。天魔膽裂。僧曰。磨後如何。師曰。軒轅無道。

---

8) 광혜(廣慧) : 여래의 지혜. 중생을 교화하는 지혜.

"중천에 밝은 달일 때가 어떠합니까?"
"하늘에만 있지 않고 마을 집에도 있느니라."

"창과 방패는 본래 서로의 병폐를 막기 위해서 만든 것이지만 제망(帝網)의 밝은 구슬은 어떠합니까?"
"아홉 길 산에 오른 것이요, 한 줌의 흙으로 삼만근을 정한 것이다."
"어떠합니까?"
"어떠한가?"

"간목(干木)을 문후(文侯)가 받들 때에9) 그 마음을 아는 이가 몇이나 되겠습니까?"
"소년 시절에는 용과 뱀의 진을 부수기도 했는데, 늙어서는 도리어 어린이의 노래나 듣느니라."

僧問。朗月當空時如何。師曰。不在團天(一作圓天)10)且居羑里。問矛盾本成雙翳病。帝網明珠事若何。師曰。為山登九仞。捻土定千鈞。僧曰。如何。師曰。如何。問干木奉文侯。知心有幾人。師曰。少年曾決龍蛇陣。老倒還聽稚子歌。

---

9) 간목은 전국시대 위나라 사람으로 학덕을 갖추었으나 벼슬을 하지 않고 은거하였는데, 위의 제후인 문후가 그를 스승으로 모셨다.
10) 다른 곳에는 원천(圓天)이라 되어 있다. (원주)

"어떤 것이 청량산 안의 주인입니까?"
"일구(一句)로도 무착(無著)[11]의 물음에 미치지 못하는데 아직껏 촌스런 중으로 있구나."

"언구(言句)가 근기에 맞지 않을 때에는 어떻게 도를 드러냅니까?"
"샛별이 하늘에 있는 것을 보니 해가 중천에 이르지 않았구나."

"어떤 것이 화상의 가풍입니까?"
"학은 깊은 못에 있어서 날기 어렵다 하는데, 말〔馬〕은 천 리도 멀다 하지 않고 바람을 쫓는다."

"어떤 것이 부처입니까?"
"딴 사람이 듣지 못하게 하라."

問如何是淸涼山中主。師曰。一句不遑無著問。迄今猶作野盤僧。問句不當機如何顯道。師曰。大昴縱同天。日輪不當午。問如何是和尚家風。師曰。鶴有九皐難翥翼。馬無千里漫追風。問如何是佛。師曰。勿使異人聞。

---

11) 무착(無著) : 당나라의 선사. 오호산에서 문수 보살을 만난 일화로 유명하다. '전삼삼 후삼삼' 공안의 대화자이다.

"말이 있기 전을 스님께서 말씀해 주십시오."
"저자에 들어서서는 긴 휘파람을 불다가 집에 돌아가서는 짧은 옷을 입는다."

"여름이 끝난 오늘에 스님의 뜻은 어떠하십니까?"
"거위를 보호한 눈〔雪〕 같은 계행[12]은 기특하지 않으나 밀랍 인형의 얼음 같은 계행은 기쁘다."

"고향에 돌아갈 길도 없을 때는 어떠합니까?"
"홍난처(紅爛處)[13]를 보라. 그대의 평생에 빛날 뿐이다."

대사가 고을 관아의 청으로 상당하였는데, 어떤 승려가 물었다.
"인왕과 법왕이 마주 볼 때는 어떠합니까?"
"크게 춤을 추며 산천을 돌 뿐, 세간의 기쁨도 근심도 없다."

問未有之言請師試道。師曰。入市能長嘯。歸家著短衣。問夏終今日師意如何。師曰。不憐鵝護雪。且喜蠟人氷。問歸鄉無路時如何。師曰。平窺紅爛處。暢殺子平生。師赴州衙請上堂。有僧問曰。人王與法王相見時如何。師曰。大舞遶林泉。世間無憂喜。

---

[12] 한 비구승이 구슬을 먹은 거위를 살리기 위하여 대신 의심을 받고 구슬 주인에게 매를 맞은 일화.
[13] 홍난처(紅爛處) : 안에서부터 곪은 종기가 터지기 직전에 붉게 부어오른 모습.

"같이 무엇을 이야기하겠습니까?"
"호표암(虎豹岩) 앞에 일찍이 편히 앉았다가 군사의 전진을 알리는 깃발의 광채 속에서 참다운 종풍을 드날린다."

"잎을 따고 가지를 찾는 일은 묻지 않습니다. 어떤 것이 근원에서 바로 끊는 것입니까?"
"공양을 받기 위해 새벽에 들어가고, 열린 집으로 들어갔다가 비를 맞으면서 돌아온다."

"온갖 물음은 모두가 억지로 꾸민 것이니 스님께서 근원을 바로 가리켜 주십시오."
"귀뚫린 나그네는 만나기 어렵지만, 배에다 표를 하는 이[14]는 만나기 쉽구나."

僧曰。共譚何事。師曰。虎豹巖前曾宴坐。隼旗光裏播真宗。問摘葉尋枝即不問。如何是直截根源。師曰。赴供淩晨。入開堂(或作塘)[15]帶雨歸。問凡有所問皆是揑怪。請師直指根源。師曰。罕逢穿耳客。多遇刻舟人。

---

14) 배에서 칼을 물속에 떨어뜨렸는데 그 떨어진 위치를 뱃전에 표시해 놓고, 뒤에 그 표시한 곳을 따라 찾으려고 했던 초(楚)나라 사람의 이야기. 각주구검(刻舟求劍).
15) 혹은 당이라고 쓴 곳도 있다. (원주)

"바르고 당연한 이럴 때는 어떠합니까?"
"눈먼 거북이가 나무를 만나자 부드럽고 평온함이여, 마른 나무에 꽃이 피니 만물 밖의 봄이로세."

"어떤 것이 밀실 안의 일입니까?"
"고금을 다한 편안함이라 하면서 소매를 떨치고 나가다 얼굴을 돌리고 눈썹을 찡그린다."

"용의 턱밑 여의주를 어떻게 얻습니까?"
"일찍이 바닷가에서 마른 대나무로 찔렀는데 지금까지 거문고만 치고 있느니라."[16]

"큰 배가 공연히 흔들리면 어떻게 노를 저어야 합니까?"
"제멋대로 짐작하지 말라. 온 집안이 보기 좋아하지 않는다."

問正當恁麼時如何。師曰。盲龜值木雖優穩。枯木生華物外春。問如何是密室中事。師曰。出袖譚今古。迴顏獨皺眉。問驪龍頷下珠如何取得。師曰。曾向海邊乾竹刺。直至如今治素琴。問大舸搖空如何舉櫂。師曰。自在不點胸。渾家不喜見。

---

16) 방편경(方便經)에 있는 이야기로 아우가 형의 눈을 빼고 보물을 빼앗았는데 형은 거문고에 능해서 그 거문고 소리로 인해 보물을 되찾았다고 한다.

"바람은 쫓아도 잡기 어려우니, 앞일을 어찌하겠습니까?"
"페르시아 사람의 옷이 벗겨졌다."

"왕자로 탄생한 이도 급제를 해야 합니까?"
"한 구절로 선객의 물음을 빛내려 하나 삼함(三緘)[17]으로 고인의 기틀을 등질까 걱정이다."

"인연을 따라 변치 않는 이가 갑자기 지음자(知音者)를 만날 때에는 어떠합니까?"
"망사를 입고 삿갓을 비껴 쓴 천 봉우리 속이요, 물을 끌어 채소밭에 대는 오로봉(五老峰) 앞이다."

"배에다 표를 했다가 잃은 물건을 찾으려 하면 얻지 못한다고 하는데 당처의 일은 어찌해야 합니까?"
"큰 공훈에 상을 타지 못하니 사립문에 풀만이 우거졌구나."

問追風難把捉前程事若何。師曰。波斯衣襞解。問誕生王子還假及第否。師曰。一句擬光禪子問。三緘恐負古人機。問隨緣不變者。忽遇知音人時如何。師曰。披莎側笠千峯裏。引水澆蔬五老前。問刻舟求不得當體事如何。師曰。大勳不立賞。柴扉草自深。

---

17) 삼함(三緘) : 삼함지계(三緘之誡)의 준말. 몸·입·뜻을 삼가 하라는 뜻으로 절의 방벽에 써 붙이는 글.

"예로부터 인가하신 분과 인가받은 이가 서로 계합했다 하는데 어떤 것이 인가하는 안목입니까?"

"경솔하게 말하는 이여, 기틀을 안다 하면 변한 것이니 눈물 젖은 영혼에게 수건을 집어 주는 짓이다."

"여름 동안 수고한 이에게 상을 주고자 하니 스님께서 천거해 보십시오."

"바위굴에서 먼지를 떨면서 열고 나오니 용동(龍洞)에 비가 내리고, 물결에 뜬 승려의 발우와 바랑에서 꽃이 솟는다."

"가장 최초의 자자일(自恣日)[18]인데 어떤 사람을 상대하리까?"

"한 줌의 향기로운 풀을 들었다 놓기 전에 육환장(六環杖)[19]의 방울 소리가 허공을 뒤흔든다."

問從上古人印印相契。如何是印底眼。師曰。輕嚚道者知機變。拈與霑魂拭淚巾。問九夏賞勞請師言薦。師曰。出岫拂開龍洞雨。汎波僧涌鉢囊華。問最初自恣合對何人。師曰。一把香芻拈未下。六環金錫響搖空。

---

[18] 자자일(自恣日) : 하안거의 마지막 날. 곧 음력 7월 보름날로 이날에는 승려들이 안거 동안의 잘못을 뉘우치고 서로 훈계하는 행사를 한다.
[19] 육환장(六環杖) : 고리가 여섯 개 달린 지팡이.

"서천 조사께서 전해오신 것을 스님께서 분명하게 말씀해 주십시오."

"개 한 마리가 헛되이 짖는데, 원숭이 천 마리는 실제로 싸운다."

"왕도와 불도의 거리는 얼마나 됩니까?"

"허수아비 강아지가 짖을 때에 하늘과 땅이 합해지고, 나무닭이 운 뒤에는 조사의 등불이 빛난다."

"조사의 심인(心印)까지도 초월한 경지를 스승께 청합니다."

"조사의 달빛을 능가한 비어 원만하고 성스러운 지혜여, 어느 산의 소나무가 푸르고 푸르지 않던가?"

"대중이 다 모였으니 스님께서 설법을 해 주십시오."

"맨발 벗은 사람이 토끼는 잡고, 신을 신은 사람이 고기는 먹는다."

問西祖傳來請師端的。師曰。一犬吠虛千猱嗁實。問王道與佛道相去幾何。師曰。芻狗吠時天地合。木雞嗁後祖燈輝。問祖師心印請師拂拭。師曰。祖月凌空圓聖智。何山松檜不青青。問大眾雲集請師說法。師曰。赤脚人趁兔。著鞾人喫肉。

"공왕(空王)의 가르침을 널리 보지는 못했으니 현묘한 기틀에 의하여 말씀해 주십시오."
"백옥에는 티가 없거늘 변화(卞和)[20]는 발꿈치를 끊겼다."

"어떤 것이 무위(無爲)의 구절입니까?"
"보배 촛불이 마루에 밝으니 붉은 광채가 온 허공을 비춘다."

"어떤 것이 기틀에 임한 일구(一句)입니까?"
"바람으로 불을 피우니 큰 힘이 들지 않는다."

"본래의 얼굴을 서로 드러낼 때에는 어떠합니까?"
"얼른 비단을 들어 얼굴을 가려라."

問不曾博覽空王教。略借玄機試道看。師曰。白玉無瑕卞和刖足。問如何是無爲之句。師曰。寶燭當軒顯。紅光爍太虛。問如何是臨機一句。師曰。因風吹火用力不多。問素面相呈時如何。師曰。拈却蓋面帛。

---

20) 변화(卞和) : 옥을 황제에게 바쳤으나 옥이 아니라 하여 형벌을 받은 이.

"어떤 것이 납승(衲僧)²¹⁾의 호흡입니까?"
"무릎으로 다니고, 팔꿈치로 기는 것을 대중은 보았다."

"붉은 국화가 반쯤 피어 가을에 이르렀고, 두렷한 달이 문에 비친다는 뜻이 무엇입니까?"
"봉도에 달이 뜬 것은 누구나 보지만, 지난 밤에 서리 온 것을 그대는 모르는구나."

"어떤 것이 바로 끊는 한 길입니까?"
"바로 끊는 것이라면 굽은 것이다."

"어떤 것이 사자후입니까?"
"누가 그대에게 야간(野干)²²⁾의 울음을 하라더냐?"

問如何是衲僧氣息。師曰。膝行肘步大眾見之。問紫菊半開秋已至。月圓當戶意如何。師曰。月生蓬島人皆望。昨夜遭霜子不知。問如何是直截一路。師曰。直截迂曲。問如何是獅子吼。師曰。阿誰要汝野干鳴。

---

21) 납승(衲僧) : 납의를 입은 승려.
22) 야간(野干) : 여우와 비슷한 요사스런 동물.

"어떤 것이 진실한 말입니까?"
"마음을 벽 위에다 달아두는 것이니라."

"마음에는 인연할 것 없고, 입으로는 말할 것 없을 때가 어떠합니까?"
"사람을 만나거든 그렇게만 말하라."

"용이 맑은 물을 통과할 때는 어떠합니까?"
"이마에 찍히고 꼬리에도 찍혔다."

"성품에 맡겨 떴다 잠겼다 할 때는 어떠합니까?"
"소를 끌어다 외양간에 들이지 못했구나."

"있고 없음이 모두 간 곳도 없을 때는 어떠합니까?"
"삼월에 한가히 꽃놀이한 길 아래, 한 집이 빗속에 근심스레 문을 닫는구나."

問如何是諦實之言。師曰。心懸壁上。問心不能緣口不能言時如何。師曰。逢人但恁麼擧看。問龍透淸潭時如何。師曰。印騣捺尾。問任性浮沈時如何。師曰。牽牛不入欄。問有無俱無去處時如何。師曰。三月懶遊華下路。一家愁閉雨中門。

"말로 하자면 이(離)로 깊이 사무침이고 나투지 않음은 미(微)에 깊이 사무침인데²³⁾, 어떻게 통달하여야 범함이 없겠습니까?"

"항상 강남의 3월을 생각하니 자고새 우는 곳의 백 가지 꽃의 향기다."

"백을 알고 천을 감당할 때는 어떠합니까?"
"밤에 다니는 것을 허락하지 않으니 밝거든 오라."

問語默涉離微。如何通不犯。師曰。常憶江南三月裏。鷓鴣啼處野華香。(肇法師寶藏論離微體淨品云。其入離其出微。知入離外塵無所依。知出微內心無所為。內心無所為。諸見不能移。外塵無所依。萬有不能機。萬有不能機。想慮不乘馳。諸見不能移。寂滅不思議。可謂本淨體離微也。據入故名離。約用故名微。混而為一無離無微。體淨不可染。無染故無淨。體微不可有。無有故無無)。問百了千當時如何。師曰。不許夜行投明須到。

---

23) 조(肇) 법사의 보장론(寶藏論) 이미체정품(離微體淨品)에 말하기를 "들어가면 이(離)요 나오면 미(微)니, 들어간 이(離) 밖을 알면 티끌이 의지할 바 없고, 나오는 미(微) 안을 알면 마음이 할 바가 없다. 안 마음이 할 바가 없으면 온갖 견해라 해도 움직이는 것이 아니고, 밖의 티끌이 의지할 바가 없으면 만유(萬有)라 해도 기틀엔 없다. 만유라 해도 기틀에 없으면 생각해도 달리는 것이 아니오, 온갖 견해라 해도 움직이는 것이 아니면 부사의한 적멸이니 가히 본래 맑은 본체를 이미(離微)라 하리라. 들어감에 의해 이(離)라 이름하고 작용에 의하여 미(微)라 이름하였으니, 혼연하여 온통이어서 이도 없고 미도 없느니라. 본체가 청정하여 물들음이 없고, 물들음이 없으므로 맑음도 없다. 본체의 미는 있는 것이 아니고, 있음이 없는 까닭으로 없음도 없다." 하였다. (원주)

"몸 둘 곳이 없을 때는 어떠합니까?"
"웅이탑(熊耳塔)을 열어보니 남아 있는 나그네가 없더라."
"어찌해야 옳습니까?"
"속히 끊어버려라."

"온 세상의 사람이 다 와서 동시에 물으면 어떻게 대답하겠습니까?"
"종자기(鍾子期)의 거문고 소리를 알지 못하는구나."

"앙굴마라가 부처님을 핍박할 때는 어떠합니까?"
"대가(大家)가 만 가지 어리석음을 돌이키게 하여 보호하니라."

"심인(心印)을 밝히지 못했으니 어찌하여야 들어갈 수 있습니까?"
"유수(酉帥)가 항복했다는 말은 들었으나 염소를 끌고 옥을 바치러 오는 것은 보지 못했다."

問無地容身時如何。師曰。熊耳塔開無叩客。僧曰。如何即是。師曰。快須斷却。問盡大地人來一時致問如何秖對。師曰。子期琴韻少知音。問央掘逼佛時如何。師曰。大家保護。萬迴憨。問心印未明如何得入。師曰。雖聞酉帥投歸款。未見牽羊納璧來。

"어떤 것이 임제 회상의 일입니까?"
"걸(桀)의 개가 요(堯)에 짖는다."[24]

"어떤 것이 화살촉도 무는 일입니까?"[25]
"맹랑하게도 말(辭)을 빌려 말(馬)의 뿔을 이야기하는구나."

"선정과 지혜를 닦지 않고서 어떻게 해야 부처를 이룰 것에 의심이 없겠습니까?"
"황금닭이 새벽을 알리는데 칠통(漆桶)[26]이어서 여전히 검은 빛만 뿜는구나."

問如何是臨濟下事。師曰。桀犬吠堯。問如何是齧鏃事(太平廣記。隋末有督君謨者。善閉目而射。志其目則中目。志其口則中口。有王靈智者。學射於謨。以為曲盡其妙。欲射殺謨獨擅其美。謨執一短刀。箭來輒截之。惟有一矢。謨張口承之。遂齧其鏃。笑曰。汝學三年。吾未教汝齧鏃之法)。師曰。孟浪借辭論馬角。問不修定慧為什麼成佛無疑。師曰。金雞專報曉。漆桶黑光生。

---

24) 걸견패요(桀犬吠堯)는 폭군 걸왕의 개가 성왕 요임금을 보면 짖는다는 고사이다.
25) 태평광기(太平廣記)에 "수(隋)의 말엽에 독군모(督君謨)라는 이가 있어 눈을 감고도 활을 잘 쏘았는데, 눈에다 뜻을 두면 눈에 맞고 입에다 뜻을 두면 입에 맞았다. 이때에 왕영지(王靈智)라는 이가 독군모에게 활쏘기를 배워 그 묘함이 극진했다. 그리하여 독군모를 죽이고 자기 혼자 명성을 차지하려 하니, 독군모가 단도(短刀) 하나를 들고 화살이 날아오는대로 칼로 끊어버렸다. 그 가운데 화살 하나만은 독군모가 입을 벌려 받고서 그 촉을 씹고 웃으면서 말하기를 '너에게 3년 동안 가르쳤지만 화살촉 무는 법은 가르치지 않았다.'라고 했다." 하였다. (원주)
26) 칠통(漆桶) : 옻 담는 통. 무명 중생을 비유한 말.

"한 생각이 만 년일 때는 어떻습니까?"
"바위를 털다가 선인(仙人)의 옷이 헤어졌다."

"큰 종을 치기 전에는 어떠합니까?"
"대천세계에 음률이 퍼지지 않은 곳이 없어서 그윽한 운치를 묘하게 머금었으니 어찌 분별하랴."
"친 뒤에는 어떠합니까?"
"석벽(石壁)과 산하(山河)에 걸림 없으니 가리움이 없어 툭 트여 들음에 누림을 즐길 뿐이다."

"어떤 것이 서쪽에서 오신 뜻입니까?"
"산에 물이 다한 것은 찾을 수 있으나 산은 다함이 없다."

"거룩한 이의 모습을 어째서 갖추지 못합니까?"
"올빼미가 밤중에 새매를 속인다."

問一念萬年時如何。師曰。拂石仙衣破。問洪鍾未擊時如何。師曰。充塞大千無不韻。妙含幽致豈能分。僧曰。擊後如何。師曰。石壁山河無障礙。翳消開後好沾聞。問如何是西來意。師曰。尋山水盡山無盡。問大人相為什麼不具足。師曰。鴟梟夜半欺鷹隼。

"옛과 이제가 자못 나뉘어졌다고 하는데 스님께 은밀한 요체를 청합니다."
"교묘한 혀를 끊어버려라."

"어떤 것이 거룩한 이의 모습입니까?"
"발가벗었느니라."

"화상의 아침과 낮 두 때는 어떠하십니까?"
"지팡이로 끌어 머루넝쿨을 휘어잡는다."

"어떤 것이 손 가운데 주인입니까?"
"저자에 들어가 두 눈이 멀었구나."
"어떤 것이 주인 가운데 손입니까?"
"황제의 수레를 타고 돌아오는 길에 일월의 광명이 새롭다."
"어떤 것이 손 가운데 손입니까?"
"눈썹을 찡그리고 백운에 앉는다."

問古今纔分請師密要。師曰。截却重舌。問如何是大人相。師曰。赫赤窮。僧曰。未審和尚二時如何。師曰。携籮挈杖。問如何是賓中主。師曰。入市雙瞳瞽。曰如何是主中賓。師曰。迴鑾兩曜新。曰如何是賓中賓。師曰。攢眉坐白雲。

"어떤 것이 주인 가운데 주인입니까?"
"3척의 검을 갈아서 불평하는 사람을 벤다."

"어떤 것이 괭이 끝의 뜻입니까?"
"산 앞의 한 조각이 푸르다."

"어떤 것이 부처의 스승입니까?"
"장림산(杖林山) 밑의 대뿌리 채찍이니라."

대사는 대송(大宋) 개보(開寶) 계유(癸酉) 6년 8월 1일에 법상에 올라 게송을 말하고, 15일에 이르러 가부좌를 맺고 떠났다. 떠나기 하루 전에 손수 글을 써서 신도들에게 이별을 알리니, 수명은 87세이고, 법랍은 59세였다.

曰如何是主中主。師曰。磨礱三尺刃。待斬不平人。問如何是钁頭邊意。師曰。山前一片青。問如何是佛師。師曰。杖林山下竹筋鞭。師於大宋開寶六年癸酉八月旦日。昇座說偈。至十五日跏趺而化。前一日手書別檀越。壽八十七。臘五十九。

 토끼뿔

한 소절마다 모두 이르고 싶은 마음이었으나 여덟 곳만 일러놓는다.

༄ "스님은 누구의 곡조를 부르고 누구의 종풍을 이으셨습니까?" 했을 때

대원은 "실버들과 하늘이 더없이 이르는구나." 하리라

༄ "옛 곡조에 음률이 없는데 어찌하여야 어우러질 수 있습니까?" 했을 때

대원은 "이렇느니라." 하리라.

༄ "어떤 것이 부처로 돌아가 의지하는 것입니까?" 했을 때

대원은 "못 가운데 연꽃이 화려하다." 하리라.

ᘏ "둥근 달이 중천에 떴을 때가 어떠합니까?" 했을 때

대원은 "돌사내 장단에 나무처녀 춤추느니라." 하리라.

ᘏ 창과 방패는 본래 서로의 병폐를 막기 위해서 만든 것이지만 제망(帝網)의 밝은 구슬은 어떠합니까?" 했을 때

대원은 "해는 낮밤이 없다." 하리라.

ᘏ "언구가 근기에 맞지 않을 때에는 어떻게 도를 드러냅니까?" 했을 때

대원은 세 방망이를 때렸을 것이다.

ᘏ "말이 있기 전을 스님께서 말씀해 주십시오." 했을 때

대원은 "벌써 그대 집 방문이 일렀느니라." 하리라.

ꕤ "바르고 당연한 이런 때는 어떠합니까?" 했을 때

대원은 "그런 말이 없다." 하리라.

앞의 여주(汝州) 서원(西院) 사명(思明) 선사의 법손

영주(郢州) 홍양(興陽) 귀정(歸靜) 선사

귀정 선사가 처음에 서원(西院)에 가서 뵙고 물었다.
"물으려다가 묻지 않는 때가 어떠합니까?"
서원이 곧 때렸다.
대사가 잠자코 있으니, 서원이 말하였다.
"만일 방망이라 부르면 눈썹과 수염이 몽땅 빠지리라."
대사가 이 말에 크게 깨달았다.

前汝州西院思明禪師法嗣 郢州興陽歸靜禪師。初參西院乃問曰。擬問不問時如何。西院便打。師良久。西院云。若喚作棒眉鬚墮落。師於言下大悟。

어떤 승려가 물었다.
"스님은 누구의 곡조를 부르고, 누구의 종풍을 이으셨습니까?"
대사가 말하였다.
"소실산(少室山) 봉우리 앞에 딴 길이 있지 않느니라."

僧問。師唱誰家曲。宗風嗣阿誰。師曰。少室峯前無異路。

 토끼뿔

"스님은 누구의 곡조를 부르고, 누구의 종풍을 이으셨습니까?"
했을 때

대원은 때리고 "누구의 곡조, 누구의 종풍이겠느냐?" 하리라.

앞의 소주(韶州) 혜림(慧林) 홍구(鴻究) 선사의 법손

소주(韶州) 영서(靈瑞) 화상

영서 화상에게 어떤 사람이 물었다.
"어떤 것이 부처입니까?"
대사가 할(喝)을 하면서 말하였다.
"그대는 촌사람이구나."

"어떤 것이 서쪽에서 오신 뜻입니까?"
"십만 팔천리로다."

前韶州慧林鴻究禪師法嗣 韶州靈瑞和尚。有人問。如何是佛。師喝云。汝是村裏人。問如何是西來意。師曰。十萬八千里。

"어떤 것이 본래의 마음입니까?"
"비로자나의 정수리에 앉아 허공 속을 들락거리느니라."

問如何是本來心。師曰。坐却毘盧頂。出沒太虛中。

 토끼뿔

"어떤 것이 본래의 마음입니까?" 했을 때

대원은 "험." 하리라.

회양(懷讓) 선사의 제8세
앞의 풍혈(風穴) 연소(延沼) 선사의 법손

여주(汝州) 광혜(廣慧) 진(眞) 선사

진(眞) 선사에게 어떤 승려가 물었다.
"어떤 것이 광혜의 경지입니까?"
대사가 말하였다.
"소사(小寺)의 앞이요, 자경(資慶)의 뒤이니라."

"어떤 것이 화상의 가풍입니까?"
"가래 자루와 괭이니라."

前風穴延沼禪師法嗣 汝州廣慧眞禪師。僧問。如何是廣慧境。師曰。小寺前頭資慶後。問如何是和尚家風。師曰。枕爬钁子。

 토끼뿔

"어떤 것이 화상의 가풍입니까?" 했을 때

대원은 "곳곳마다 가풍 아닌 것이 없느니라." 하리라.

여주(汝州) 수산(首山) 성념(省念) 선사

성념 선사[27]는 내주(萊州) 사람으로 성은 적(狄)씨이다. 고향의 남선원(南禪院)에서 공부를 하다가 풍혈(風穴)에게 법을 얻었다.

처음에 수산에 머물러서 제1세 주지가 되었는데 개당하는 날에 어떤 승려가 물었다.

"스님은 누구의 곡조를 부르고, 누구의 종풍을 이으셨습니까?"

대사가 말하였다.

"소실(少室)의 바위 앞에서 손바닥을 친히 보라."

"다시 큰 소리로 한 마디 해 주시기 바랍니다."

"지금도 대가의 앎을 요망하는가?"

대사가 대중에게 말하였다.

汝州首山省念禪師。萊州人也。姓狄氏。受業於本部南禪院。得法於風穴。初住首山爲第一世。開堂日有僧問曰。師唱誰家曲。宗風嗣阿誰。師曰。少室巖前親掌覰。僧曰。更請洪音和一聲。師曰。如今也要大家知。師謂衆曰。

---

27) 성념 선사(926 ~ 993).

"불법을 국왕과 대신과 힘 있는 신도에게 부촉하여 등불과 등불이 이어져서 끊이지 않고 오늘에 이르게 하였다 하는데, 대중은 말해 봐라. 계속해 왔다는 것이 무엇인가?"

대사가 잠자코 있다가 말하였다.

"오늘 일은 반드시 가섭(迦葉) 사형(師兄)이라야 되겠다."

어떤 승려가 물었다.

"어떤 것이 화상의 가풍입니까?"

대사가 말하였다.

"한 마디로 천 강의 어귀를 절단하고 만 길 되는 봉우리 앞에서야 비로소 현묘함을 얻었다."

"어떤 것이 수산의 경지입니까?"

"뭇 사람이 보게 둔다."

"어떤 것이 경지 가운데 사람입니까?"

"방망이를 맞고 얻었는가, 얻지 못했는가?"

佛法付與國王大臣有力檀越。令燈燈相然相續不斷至於今日。大眾且道。相續箇什麼。師良久又曰。今日須是迦葉師兄始得。僧問。如何是和尚家風。師曰。一言截斷千江口。萬仞峯前始得玄。問如何是首山境。師曰。一任眾人看。僧曰。如何是境中人。師曰。喫棒得也未。

승려가 절을 하니 대사가 말하였다.
"특별한 때를 기다려라."

"어떠한 것이 조사가 서에서 오신 뜻입니까?"
"바람이 불고 햇볕이 비춘다."

"위로부터 여러 성인들은 어디에서 행각을 하셨습니까?"
"보습을 끌거나 가래질을 했느니라."

"옛사람이 방망이를 들거나 불자를 세운 뜻이 무엇입니까?"
"외딴 봉우리에는 잠자는 손〔客〕이 없다."
"그것이 무슨 뜻입니까?"
"그루터기나 지키는 사람이 아니다."

"어떤 것이 보리의 길입니까?"
"여기서 양현(襄縣)까지는 5리이니라."

僧禮拜。師曰。且待別時。問如何是祖師西來意。師曰。風吹日炙。問從上諸聖向什麼處行履。師曰。牽犁拽杷。問古人拈槌竪拂意旨如何。師曰。孤峯無宿客。僧曰。未審意旨如何。師曰。不是守株人。問如何是菩提路。師曰。此去襄縣五里。

"모든 것을 초월한 일이 어떤 것입니까?"
"왕래로는 쉽지 않다."

"여러 성인들이 다 말하지 못한 곳을 스님께서 말씀해 주십시오."
"만 리의 신령한 광명이 모두 온통 비춤이거늘 뉘라서 감히 해와 비교하랴."

"한 나무라도 꽃이 피었다 할 수 있겠습니까?"
"꽃이 핀 지 오래니라."
"그러면 열매도 맺었겠습니까?"
"지난밤에 서리를 맞았다."

"임제의 할과 덕산(德山)의 방망이는 어떤 일을 밝힌 것입니까?"
"그대가 말해 봐라."

僧曰。向上事如何。師曰。往來不易。問諸聖說不盡處請師舉唱。師曰。萬里神光都一照。誰人敢並日輪齊。問一樹還開華也無。師曰。開來久矣。僧曰。未審還結子也無。師曰。昨夜遭霜了。問臨濟喝德山棒。未審明得什麼邊事。師曰。汝試道看。

승려가 할을 하니, 대사가 말하였다.
"소경아."
승려가 다시 할을 하니, 대사가 말하였다.
"이 눈먼 놈아, 이렇게 시끄럽게 할을 해서 무엇 하리오."
승려가 절을 하니, 대사가 때렸다.

"사부대중이 둘러섰습니다. 대사께서 어떤 법을 말씀하시겠습니까?"
"풀을 치면 뱀이 놀란다."
"어떻게 손쓰리까?"
"얼마나 몸을 죽이고 목숨을 잃었었더냐?"

"두 용이 여의주를 다투는데 어느 쪽이 얻습니까?"
"얻은 이는 잃는다."
"얻지 못한 쪽은 어찌합니까?"
"여의주가 어디에 있던가?"

僧喝。師曰。瞎。僧再喝。師曰。這瞎漢只麼亂喝作麼。僧禮拜。師便打。問四眾圍繞師說何法。師曰。打草蛇驚。僧曰。未審怎麼生下手。師曰。適來幾合喪身失命。問二龍爭珠誰是得者。師曰。得者失。僧曰。不得者又如何。師曰。珠在什麼處。

"유마가 묵연(默然)히 대하는데 문수가 찬탄한 뜻이 무엇입니까?"
"그 당시에 청중은 반드시 이와 같지는 않았으리라."
"유마가 잠자코 있었던 뜻이 무엇입니까?"
"은혜를 아는 이는 적고, 은혜를 저버리는 이는 많구나."

"모든 부처님이 다 이 경에서 나왔다 하는데 어떤 것이 이 경입니까?"
"소리를 낮추고, 소리를 낮추어라."
"어떻게 받아 지니오리까?"
"절대로 더럽힐 수는 없다."

"세존께서 입멸하신 뒤에 법은 누구에게 전하셨습니까?"
"좋은 물음인데 대답을 얻을만한 사람이 없구나."

問維摩默然文殊贊善。未審此意如何。師曰。當時聽眾必不如是。僧曰。未審維摩默然意旨如何。師曰。知恩者少負恩者多。問一切諸佛皆從此經出。如何是此經。師曰。低聲低聲。僧曰。如何受持。師曰。切不得污染。問世尊滅後法付何人。師曰。好箇問頭無人答得。

"색을 보면 곧 마음을 본다 하는데 모든 법은 형상이 없거늘 어떻게 보겠습니까?"
"한 집에 일이 생기면 백 집이 바쁘니라."
"학인이 잘 모르겠습니다. 스님께서 다시 가르쳐 주십시오."
"삼일 뒤를 보라."

"어떤 사람이 서울에 가서 거룩한 주인을 뵈야 하는데 겨우 당관(潼關)에 왔다가 돌아가는 때는 어떠합니까?"
"여전히 둔한 친구로구나."

"길에서 도를 깨친 사람을 만나면 말이나 침묵으로 대하지 말라 했는데 무엇으로 대합니까?"
"깜짝할 사이에 삼천세계가 있느니라."

"일구(一句)에 명백하면 백억(百億)을 초월한다 하니 어떤 것이 일구(一句)입니까?"

問見色便見心。諸法無形將何所見。師曰。一家有事百家忙。僧曰。學人不會。乞師再指。師曰。三日後看取。問如人入京朝聖主。只到潼關便却迴時如何。師曰。猶是鈍漢。問路逢達道人不將語默對。未審將什麼對。師曰。瞥爾三千界。問一句了然超百億。如何是一句。

"가는 곳마다 사람들에게 이렇게만 이야기하라."
"끝내 어떠합니까?"
"다만 이렇게 말하는 줄만 알라."

"어떤 것이 옛 부처의 마음입니까?"
"진주(鎭州) 무우의 무게가 세 근이더라."

"빈 마음은 무엇으로써 본체를 삼습니까?"
"내가 그대의 다리 밑에 있구나."
"화상께서 어찌하여 저의 다리 밑에 계십니까?"
"그대는 당달봉사로구나."

"어떤 것이 현묘함 가운데의 적실(的實)한 것입니까?"
"말에는 반드시 덕행이 있어야 한다."
"그 뜻이 무엇입니까?"
"말이 없으면 귀신도 성을 낸다."

師曰。到處擧似人。僧曰。畢竟事如何。師曰。但知恁麼道。問如何是古佛心。師曰。鎭州蘿蔔重三斤。問虛心以何爲體。師曰。老僧在汝脚底。僧曰。和尚爲什麼在學人脚底。師曰。知汝是箇瞎漢。問如何是玄中的。師曰。有言須道却。僧曰。此意如何。師曰。無言鬼也瞋

"어떤 것이 납승의 안목입니까?"
"그 물음은 여전히 합당치 않다."
"합당한 뒤에는 어찌하시겠습니까?"
"무엇을 해서 감당하려는가?"

"어찌하여야 뭇 인연을 여의겠습니까?"
"천 년에 한 차례 만나느니라."
"여의지 않을 때에는 어떠합니까?"
"뭇 사람의 앞에 서 있구나."

"어떤 것이 대 안락인입니까?"
"한 법도 보지 않는 것이다."
"무엇으로써 사람들을 위하시겠습니까?"
"그대가 말을 알아들어서 고맙다."

問如何是衲僧眼。師曰。此問猶不當。僧曰。當後如何。師曰。堪作什麼。問如何得離眾緣去。師曰。千年一遇。僧曰。不離時如何。師曰。立在眾人前。問如何是大安樂人。師曰。不見有一法。僧曰。將何為人。師曰。謝闍梨領話。

"어떤 것이 항상 있는 사람입니까?"
"어지러이 달려서 무엇 하겠는가?"

"한 터럭도 나기 전에는 어떠합니까?"
"길에서 귀가 뚫린 나그네를 만난다."
"한 터럭이 난 뒤에는 어떠합니까?"
"다시 망설일 필요가 없느니라."

"줄 없는 거문고를 튕겨 주십시오."
대사가 말없이 보이고 말하였다.
"듣는가?"
"듣지 못했습니다."
"왜 큰 소리로 묻지 않는가?"

"학인이 오랫동안 미혹함에 빠져 있었으니 스님께서 한 차례 지도해 주시기 바랍니다."

問如何是常在底人。師曰。亂走作麼。問一毫未發時如何。師曰。路逢穿耳客。僧曰。發後如何。師曰。不用更遲疑。問無絃琴請師音韻。師良久曰。還聞麼。僧曰。不聞。師曰。何不高聲問著。問學人久處沈迷請師一接。

"노승은 그런 한가한 공부는 한 적이 없다."
"화상께서는 왜 그러하십니까?"
"다니고자 하면 다니고, 앉고자 하면 앉기 때문이다."

"어떤 것이 범부와 성현을 떠난 구절입니까?"
"숭산(嵩山)의 안(安) 화상이니라."
"그것이 화상의 극치의 경지 아니겠습니까?"
"남악(南嶽) 회양(懷讓) 선사이니라."

"학인은 요새 처음으로 총림에 들어왔으니 스님께서 가르쳐 주십시오."
"그대가 여기에 온 지 얼마나 되는가?"
"이미 겨울과 여름을 겪었습니다."
"남들에게 잘못 이야기하지 마라."

師曰。老僧無恁麽閑功夫。僧曰。和尚為什麽如此。師曰。要行即行要即坐。問如何是離凡聖底句。師曰。嵩山安和尚。僧曰。莫便是和尚極則處否。師曰。南嶽讓禪師。問學人乍入叢林乞師指示。師曰。闍梨到此多少時也。僧曰。已經多夏。師曰。莫錯舉似人。

"어떤 사람이 살림을 버리고 온다면 스님께서 맞아 주시겠습니까?"

"버리는 일이야 없지 않겠지만 버린 이가 누구인가?"

"오늘은 바람이 드세고 달빛은 찹니다."

대사가 말하였다.

"승당(僧堂)에 몇 사람이나 앉고 누웠더냐?"

승려가 대답이 없으니 대사가 말하였다.

"나를 속이는구나."

"어떤 것이 범음상(梵音相)²⁸⁾입니까?"

"나귀의 울음과 개 짖는 소리니라."

"어떤 것이 지름길로 끊는 한 길입니까?"

"혹은 산 속에 있고 혹은 나무 밑에 있느니라."

問有一人蕩盡來時師還接否。師曰。蕩盡即不無。那箇是誰。僧曰。今日風高月冷。師曰。僧堂內幾人坐臥。僧無對。師曰。賺殺老僧。問如何是梵音相。師曰。驢鳴狗吠。問如何是徑截一路。師曰。或在山間或在樹下。

---

28) 범음상(梵音相) : 부처님 음성. 대범천왕(大梵天王)의 음성.

"조계의 한 구절을 천하의 사람이 들었다는데, 화상의 한 구절은 어떤 사람이 듣습니까?"
"삼문(三門) 밖을 나서지 않았느니라."
"어째서 삼문 밖을 나서지 않습니까?"
"천하의 사람에게 이야기하라."

"어떤 것이 화상께서 사람을 속이지 않는 안목입니까?"
"겨울이 왔으니 보는 놈을 보아라."
"구경에 어찌해야 합니까?"
"곧 봄바람이 이를 것이다."

"멀리서 듣건대 화상께서는 실 한 올도 걸치지 않았다 했는데, 와서 보니 어째서 지켜야 할 산이 있습니까?"
"무슨 소리를 하는가?"
승려가 할을 하였다.

問曹谿一句天下人聞。未審和尚一句什麼人得聞。師曰。不出三門外。僧曰。爲什麼不出三門外。師曰。擧似天下人。僧問。如何是和尚不欺人眼。師曰。看看冬到來。僧曰。究竟如何。師曰。即便春風至。問遠聞和尚無絲可掛。及至到來爲什麼有山可守。師曰。道什麼。僧喝。

대사도 할을 하니, 승려가 얼른 절을 하였다. 이에 대사가 말하였다.

"그대에게 20방망이를 때려야겠다."

대사는 다음에 보안산(寶安山) 광교원(廣敎院)에 살았는데 거기서도 제1세 주지였다.

나중에 대중의 청에 따라 성에 들어와서 보응원(寶應院)에 사니[29] 세 곳의 법석에는 항상 많은 대중이 모였다. 순화(淳化) 3년 12월 4일 오시(午時)에 상당하여 이런 게송을 대중에게 보였다.

올해 나이 67세이니
늙고 병든 채 인연 따라 세월을 보낸다

師亦喝。僧禮拜。師曰。放汝二十棒。師次住寶安山廣敎院亦第一世。後徇眾請入城下寶應院(即南院第三世)。三處法席海眾常臻。淳化三年十二月四日午時上堂說偈示眾曰。

今年六十七

老病隨緣且遣日

---

29) 곧 남원 제3세이다. (원주)

금년에 내년 일을 예언하노니
내년에는 도리어 오늘을 기억하리라

순화 4년의 어느 달, 어느 날에 이르니 앞의 예언과 조금도 다르지 않았다. 상당하여 대중을 하직하고 게송을 말하였다.

은빛 세계요 금빛 몸이다
유정과 무정이 동일한 참일세
밝음과 어둠이 다한 때라 모두 비치지 않음이여!
해는 오후에도 온전한 몸이니라

今年記取來年事
來年記著今朝日
至四年月日與時無爽前記。上堂辭眾。仍說偈曰。
白銀世界金色身
情與非情共一眞
明暗盡時俱不照
日輪午後是全身

말을 마치자 편안히 앉았다가 해가 기울 무렵에 떠나니, 수명은 68세였다. 다비를 마친 뒤에 사리를 거두었다.

言訖安坐。日將昳而逝。壽六十有八。茶毘收舍利。

 토끼뿔

∽ "여러 성인들이 다 말하지 못한 곳을 스님께서 말씀해 주십시오." 했을 때

대원은 "벌써 들었어야 했다." 하리라.

∽ "임제의 할과 덕산의 방망이는 어떤 일을 밝힌 것입니까?" 했을 때

대원은 "무엇이냐?" 하리라.

∽ "유마가 묵연히 대하는데 문수가 찬탄한 뜻이 무엇입니까?" 했을 때

대원은 "이렇기 때문이다." 하리라.

∽ "유마가 잠자코 있었던 뜻이 무엇입니까?" 했을 때

대원은 때렸을 것이다.

∽ "모든 부처님이 이 경에서 나왔다 하는데 어떤 것이 이 경입니까?" 했을 때

대원은 "이 경이니라." 하리라.

∽ "어떻게 받아 지니오리까?" 했을 때

대원은 "그런 말이 없느니라." 하리라.

∽ "색을 보면 곧 마음을 본다 하는데 모든 법은 형상이 없거늘 어떻게 보겠습니까?" 했을 때

대원은 할을 했을 것이다.

∽ "어찌하여야 뭇 인연을 여의겠습니까?" 했을 때

대원은 "내칠 곳이 없다." 하리라.

∽ "어떤 것이 대 안락인입니까?" 했을 때

대원은 "보는 바 대로다." 하리라.

∽ "무엇으로써 사람들을 위하시겠습니까?" 했을 때

대원은 주장자를 높이 들고 "이렇게 한다." 하리라.

앞의 담주(潭州) 보자(報慈) 귀진(歸眞) 덕소(德韶)
대사의 법손

기주(蘄州) 삼각산(三角山) 지겸(志謙) 선사

 지겸 선사에게 어떤 승려가 물었다.
"어떤 것이 부처입니까?"
대사가 말하였다.
"속히 절을 세 번 하라."

前潭州報慈歸眞大師德韶法嗣 蘄州三角山志謙禪師。僧問。如何是佛。
師曰。速禮三拜。

 토끼뿔

"어떤 것이 부처입니까?" 했을 때

대원은 "낙타 등의 혹이다." 하리라.

영주(郢洲) 흥양(興陽) 사탁(詞鐸) 선사 (제3세 주지)

사탁 선사에게 어떤 승려가 물었다.
"부처님의 세계와 중생 세계의 거리가 얼마입니까?"
"말할 수 없다."
"참이 어떤 것입니까?"
"비슷하구나."

"일산(日傘)의 행렬이 홀연히 보배 좌대 앞에 이르렀는데 스님의 지금은 까치둥지의 시절과 무엇이 다릅니까?"
"말할 수 없다."
"지금의 것이겠습니다."
"그대에게 온통 불법을 일러 주었다."

郢州興陽詞鐸禪師(第三世住)。僧問。佛界與眾生界相去多少。師曰。道不得。僧曰。真箇那。師曰。有些子。問傘蓋忽臨於寶座。師今何異鵲巢時。師曰。道不得。僧曰。即今底。師曰。輸汝一佛法。

 토끼뿔

∽ "부처님의 세계와 중생 세계의 거리가 얼마입니까?" 했을 때

대원은 "무" 하리라.

∽ "일산(日傘)의 행렬이 홀연히 보배 좌대 앞에 이르렀는데 스님의 지금은 까치둥지의 시절과 무엇이 다릅니까?" 했을 때

대원은 한 방망이 때렸을 것이다.
"험."

회양(懷讓) 선사의 제9세
앞의 여주(汝州) 수산(首山) 성념(省念) 선사의 법손

분주(汾州) 선소(善昭) 선사

선소 선사가 법상에 올라 대중에게 말하였다.
"일구(一句)의 말에는 반드시 세 현묘한 문을 갖추어야 하고, 한 현묘한 문마다 삼요(三要)를 갖추어야 한다. 비침〔照〕도 있고 씀〔用〕도 있어야 하는데, 혹은 먼저 비치고 나중에 쓰며, 혹은 먼저 쓰고 나중에 비치며, 혹은 비침과 씀이 동시에 있으며, 혹은 비침과 씀이 동시에 있지 않다.

前汝州首山省念禪師法嗣 汾州善昭禪師。上堂謂眾曰。凡一句語須具三玄門。每一玄門須具三要。有照有用。或先照後用。或先用後照。或照用同時。或照用不同時。

먼저 비치고 나중에 씀은 그대들과 같이 헤아리면 되겠지만, 먼저 쓰고 나중에 비침은 그대들이 이 가운데 사람이라야 비로소 깨닫는다. 비침과 작용이 동시일 때는 어떻게 대하겠는가? 또 비침과 작용이 동시에 있지 않을 때는 어떻게 머무르겠는가?"

어떤 승려가 물었다.
"어떤 것이 대도의 근원입니까?"
"땅을 파면서 푸른 하늘을 찾는다."
"어째서 그렇습니까?"
"그윽하고 현묘함을 알아야 한다."

"어떤 것이 손〔客〕 가운데의 손입니까?"
"합장하고 암자 앞에서 세존께 묻는다."
"어떤 것이 손 가운데의 주인입니까?"
"낯을 대하였으나 상대가 없다."

先照後用且要共爾商量。先用後照爾也須是箇人始得。照用同時爾作麼生當抵。照用不同時爾又作麼生湊泊。僧問。如何是大道之源。師曰。掘地覓青天。曰何得如此。師曰。識取幽玄。問如何是賓中賓。師曰。合掌庵前問世尊。曰如何是賓中主。師曰。對面無儔侶。

"어떤 것이 주인 가운데의 손입니까?"

"구름이 바다 위에 연이어 있는 것이 칼을 뽑아 용문(龍門)을 휘저은 것 같다."

"어떤 것이 주인 가운데의 주인입니까?"

"세 머리, 여섯 팔로 천지를 놀라게 하는 성난 나타[30]가 제석천의 종을 친다."

曰如何是主中賓。師曰。陣雲橫海上。拔劍攪龍門。曰如何是主中主。師曰。三頭六臂驚天地。忿怒那吒撲帝鍾。

---

30) 나타 : 비사문천왕의 셋째 아들로 얼굴이 셋이고 팔이 여섯이며 큰 힘을 가지고 있다.

 토끼뿔

○ "어떤 것이 주인 가운데의 손입니까?" 했을 때

대원은 "개울물이 맑구나." 하리라.

○ "어떤 것이 주인 가운데의 주인입니까?" 했을 때

대원은 잠잠히 있다가 "이렇니라." 하리라.

조계(曹谿)에서 곁가지로 나온 제2세
앞의 남양(南陽) 혜충(慧忠) 국사의 법손

길주(吉州) 탐원산(耽源山) 진응(眞應) 선사

진응 선사가 혜충 국사의 시자로 있을 때다. 어느 날 국사가 법당 안에 있는데, 대사가 들어오자 국사가 한쪽 발〔足〕을 낮추었다. 대사가 이를 보고 바로 나가서 말없이 보이고 다시 들어왔다. 이에 국사가 말하였다.

"아까는 무슨 뜻이었느냐?"

대사가 말하였다.

"누구를 향해 말하란 말입니까?"

曹谿別出第二世 前南陽慧忠國師法嗣 吉州耽源山眞應禪師。爲國師侍者時。一日國師在法堂中。師入來。國師乃放下一足。師見便出。良久却回。國師曰。適來意怎麼生。師云。向阿誰說即得。

국사가 말하였다.

"내가 그대에게 물었다."

"어디서 저를 보셨습니까?"

대사는 이어 물었다.

"백년 후에 어떤 이가 극칙이 되는 일을 물으면 어찌하시겠습니까?"

국사가 말하였다.

"딱하기도 하구나. 호신부(護身符)[31]는 찾아서 무엇 하려 하느냐?"

다른 날 대사가 광주리를 들고 방장실으로 돌아가니, 국사가 물었다.

"광주리 속에 무슨 물건인가?"

"청매(青梅)입니다."

"가져다가 무엇에 쓰려는가?"

"공양하겠습니다."

國師曰。我問爾。師云。什麼處見某甲。師又問。百年後有人問極則事如何。國師曰。幸自可憐生。須要覓箇護身符子作麼。異日師携籃子歸方丈。國師問。籃裏什麼物。師曰。青梅。國師曰。將來何用。師曰。供養。

---

31) 호신부(護身符) : 몸을 보호하는 부적.

국사가 말하였다.

"푸른 것을 어떻게 공양에 쓰겠느냐?"

대사가 말하였다.

"이것으로써 성의를 표시합니다."

"부처님은 공양을 받지 않으신다."

"저는 그저 이대로 할 뿐입니다마는 화상께서는 어찌하시겠습니까?"

"나는 공양한 적 없다."

"어째서 공양한 적이 없다 하십니까?"

"나에게는 과일이 없기 때문이다."

백장 회해 화상이 늑담산(泐潭山)에서 수레를 끌고 가는데, 대사가 말하였다.

"수레는 여기에 있는데 소는 어디에 있소?"

백장이 이마를 갈기니, 대사는 눈을 닦았다.

國師曰。青在爭堪供養。師曰。以此表獻。國師曰。佛不受供養。師曰。某甲只恁麼。和尚如何。國師曰。我不供養。師曰。為什麼不供養。國師曰。我無果子。百丈海和尚在泐潭山牽車次。師曰。車在這裏牛在什麼處。海斫額。師乃拭目。

마곡이 물었다.
"십이면관세음보살께서 어찌 성인이 아니겠소?"
대사가 말하였다.
"옳다."
마곡이 대사를 한 차례 때리니, 대사가 말하였다.
"생각건대 그대는 아직 이 경지에 이르지 못했으리라."

국사의 제삿날에 재를 차렸는데 어떤 승려가 물었다.
"국사께서 오실까요?"
대사가 말하였다.
"타심통을 갖추지 못했구나."
"재는 차려서 무엇 하겠습니까?"
"세속의 법도 끊지 않기 위해서이다."

麻谷問。十二面觀音豈不是聖。師曰。是。麻谷與師一摑。師曰。想汝未到此境。國師諱日設齋。有僧問曰。國師還來否。師曰。未具他心。曰又用設齋作麼。師曰。不斷世諦。

🕊 토끼뿔

∽ "어째서 공양한 적이 없다 하십니까?" 했을 때

대원은 "이렇기 때문이다." 하리라.

∽ "십이면관세음보살께서 어찌 성인이 아니겠소?" 했을 때

대원은 "차나 들라." 하리라.

낙양(洛陽) 하택(荷澤) 신회(神會) 대사의 법손

황주(黃州) 대석산(大石山) 복림(福琳) 선사

복림 선사는 형주(荊州) 사람으로 성은 원(元)씨이다. 본래 유교의 집안에서 태어났는데 어릴 적에 불교에 귀의하였고, 현정사(玄靜寺)의 겸저 선사에 의해 승려가 되었다.

행각을 다니다가 하택 선사를 만나 "무념(無念)의 영지(靈知)는 인연에 의해 있는 것이 아니다."라는 말을 듣고 확연히 진리를 깨달았다.

洛陽荷澤神會大師法嗣 黃州大石山福琳禪師。荊州人也。姓元氏。本儒家子。幼歸釋氏。就玄靜寺謙著禪師剃度登戒。遊方遇荷澤師。示無念靈知不從緣有。即煥然見諦。

나중에 황주의 대석산에 가서 암자를 짓고 사니, 사방에서 선을 공부하는 무리가 매우 많이 모여와서 의지하였다. 당의 흥원(興元) 2년에 입멸하니, 수명은 82세였다.

　後抵黃州大石山結庵而居。四方禪侶依之甚眾。唐興元二年入滅。壽八十有二。

 토끼뿔

어떤 것이 무념의 영지의 경지인고?

주장자를 높이 들었다 한 번 치고 웃다.

기수(沂水) 몽산(蒙山) 광보(光寶) 선사

광보 선사는 병주(幷州) 사람으로 성은 주(周)씨이다. 처음에 하택 화상을 뵙고 곁에서 부지런히 시봉을 하였는데, 어느 날 하택이 이런 말을 하였다.

"그대의 이름이 광보(光寶)라 하는데 정(定)의 근본으로써 이름한 것이다. 보배는 자기에게 있으니 광명을 밖에서 구하지 마라. 그대의 마음대로 사용하여도 조금도 모자람이 없고 밤이 새도록 비춰도 끊임이 없다. 그대는 믿는가?"

대사가 대답하였다.

"믿기는 믿습니다마는 광명과 보배는 같습니까, 다릅니까?"

"광명이 곧 보배요 보배가 곧 광명이니, 어찌 같고 다른 이름이 있을 수 있겠는가?"

沂水蒙山光寶禪師。并州人也。姓周氏。初謁荷澤和尚服勤左右。荷澤一日謂之曰。汝名光寶。名以定體。寶即己有光非外求。縱汝意用而無少乏。長夜蒙照而無間歇。汝還信否。師曰。信則信矣。未審光之與寶同耶異耶。荷澤曰。光即寶寶即光。何有同異之名乎。

대사가 말하였다.

"눈과 귀가 소리와 색을 반연할 때에 서로 대등하게 나아가는 것입니까, 서로 두루 미쳐있는 것입니까?"

"서로 대등하게 나아가느니, 서로 두루 미쳐 있느니 하는 것은 그만 두고, 그대는 무엇을 소리와 색의 본체라고 하는가?"

"스님의 말씀과 같아서 소리와 색을 얻을 수 없습니다."

하택이 이어 말하였다.

"만일 그대가 소리와 색의 본체가 공한 것을 깨달았다면, 또한 눈과 귀 따위 모든 감관과 범부와 성인까지도 평등하게 모두 환(幻)임을 믿어서, 서로 대등하게 나아가느니 서로 두루 미쳐 있느니 한 그 이치에 밝겠구나."

대사가 이 말에 깨닫고 절을 하고 물러갔다.

처음에는 기수의 몽산에 숨어 살았다. 나중에 당의 원화(元和) 2년에 입적하니, 수명은 90세였다.

師曰。眼耳緣聲色時為復抗行為有迴互。荷澤曰。抗互且置。汝指何法為聲色之體乎。師曰。如師所說。即無有聲色可得。荷澤曰。汝若了聲色體空。亦信眼耳諸根及與凡聖平等如幻。抗行迴互其理昭然。師由是領悟禮辭而去。初隱沂水蒙山。唐元和二年圓寂。壽年九十。

🐇 토끼뿔

"믿기는 믿습니다마는 광명과 보배는 같습니까, 다릅니까?" 했을 때

대원은 한 대 때리고 "아픔과 아픔을 아는 놈이 같다 하겠느냐, 다르다 하겠느냐?" 하리라.

조계(曹谿)에서 곁가지로 나온 제5세
앞의 수주(遂州) 도원(道圓) 선사의 법손

종남산(終南山) 규봉(圭峯) 종밀(宗密) 선사

 종밀 선사[32]는 과주(果州)의 서충 사람으로 성은 하(何)씨이다. 집안이 본래 귀하고 번성하였으므로 어릴 적부터 유교의 서적에 정통하였고, 20세쯤부터는 불교의 경전을 탐구하였다.
 당의 원화 2년에 과거를 보러 가다가 조원(造圓) 화상의 법석에 잠시 들렀다가, 흔연히 뜻이 맞아 머리를 깎아 달라고 하여 그 해에 구족계를 받았다.

 曹谿別出第五世 前遂州道圓禪師法嗣 終南山圭峯宗密禪師。果州西充人也。姓何氏。家本豪盛。髫齓通儒書。冠歲探釋典。唐元和二年將赴貢擧。遇造圓和尚法席欣然契會遂求披削。當年進具。

---

32) 종밀 선사(780 ~ 841).

어느 날 대중을 따라 고을 아전인 임관의 공양청장에 갔다가 맨 아랫자리에서 차례에 따라 경을 받을 때에 『원각경』12장(章)을 얻었는데, 그 경을 다 보기도 전에 감격하여 눈물을 흘리고는 돌아와서 깨달은 취지를 조원(造圓) 화상에게 고하였다. 이에 조원 화상이 어루만지면서 말하였다.

"그대는 장차 원돈(圓頓)의 교법을 크게 펴리라. 이는 모든 부처님들이 그대에게 주신 것이다. 떠나라. 이 한 자리에 머물러 있지 마라."

대사가 눈물을 흘리면서 명(命)을 받들어 하직하고 떠나서 형남(荊南)의 장(張) 선사[33]를 뵈니 장 선사가 말하였다.

"교법을 전할 사람이니 서울에 가서 불교를 펴라."

대사는 다시 낙양(洛陽)에 가서 조(照) 선사[34]를 뵈니 조 선사가 말하였다.

"보살인 줄을 누가 알리오."

一日隨眾僧齋於府吏任灌家居下位。以次受經得圓覺十二章。覽未終軸感悟流涕。歸以所悟之旨告於圓。圓撫之曰。汝當大弘圓頓之教。此諸佛授汝耳。行矣。無自滯於一隅也。師涕泣奉命禮辭而去。因謁荊南張禪師(南印)。張曰。傳教人也。當宣導於帝都。復見洛陽照禪師(奉國神照)。照曰。菩薩人也誰能識之。

---

33) 남인 (원주). 익주(益州) 남인(南印) 선사.
34) 봉국신조 (원주). 봉국(奉國) 신조(神照) 선사.

얼마 지나서 양한(襄漢)으로 가니 어떤 병든 승려가 『화엄소(華嚴疏)』 한 질을 주었는데, 이는 곧 서울의 징관(澄觀, 청량) 대사가 저술한 것이었다.

대사는 일찍이 듣고 배운 바가 없었지만 한 번 보고서도 강의를 하였으며, 스스로 화엄소를 만난 것을 기뻐하면서 말하였다.

"이전의 여러 선사들이 저술한 것은 그 종지를 궁구한 것이 드물어서, 근원의 흐름을 드날림이 그윽하고 깊으며 밝게 밝힌 이 소(疏)만 못하다. 나는 선법은 남종(南宗)을 만났고, 교법은 『원각경』을 만나 한 마디에 마음 바탕이 트이고, 한 권 안에서 진리의 하늘이 밝았었는데, 이제 또 이렇게 절세의 소(疏)를 만나 내 정성을 쏟게 되었다."

강의를 마치고 나서 소(疏)를 지은 분을 한 번 보고자 하였는데, 때마침 문인(門人)인 태공(太恭)이 팔을 끊어 부처님 은혜에 보답하니, 대사가 우선 글을 지어서 소(疏)를 지은 징관 대사에게 보내고 멀리서 제자의 예를 올리면서 몇 차례 서신을 주고 받았다.

尋抵襄漢。因病僧付華嚴疏。即上都澄觀大師之所撰也。師未嘗聽習一覽而講。自欣所遇曰。向者諸師述作罕窮厥旨。未若此疏辭源流暢幽賾煥然。吾禪遇南宗教逢圓覺。一言之下心地開通。一軸之中義天朗耀。今復偶茲絶筆罄竭於懷。暨講終思見疏主。時屬門人太恭斷臂酬恩。師先齎書上疏主。遙敘師資往復慶慰。

이윽고 태공의 상처가 나으니, 그제야 비로소 서울로 가서 제자의 예로 뵈었다. 이에 징관 대사가 말하였다.

"비로자나불의 화장세계에서 나를 따라 거닐 이는 오직 그대뿐이다."

대사는 징관 대사에게 입실한 뒤에 날마다 그 덕을 새롭게 해서 방편과 형상에 집착하는 허물을 영원히 여의었다.

북으로 청량산(淸涼山)에 갔다가 다시 악현(鄂縣)의 초당사(草堂寺)로 돌아와서 살았고, 오래지 않아 다시 절 남쪽에 있는 규봉난야(圭峯蘭若)로 들어가서 살았다.

대화(大和) 때에 어명에 의해 대궐에 들어가니 자색 가사를 하사하였고, 황제가 자주 법의 요체를 물으니 조정의 선비가 모두 그를 흠모하였다. 특히 정승인 배휴는 진리의 전당에 깊숙이 들어와 교법을 전해 받고 훌륭한 외호자(外護者)가 되었다.

尋太恭痊損。方隨侍至上都執弟子之禮。觀曰。毘盧華藏能隨我遊者其汝乎。師預觀之室雖日新其德。而認筌執象之患永亡矣。北遊淸涼山迴住鄂縣草堂寺。未幾復入寺南圭峯蘭若。大和中微入內賜紫衣。帝累問法要。朝士歸慕。惟相國裴公休深入堂奧。受教爲外護。

대사는 선학자(禪學者)와 교학자(敎學者)가 서로 헐뜯고 다투는 것을 보고『선원제전(禪源諸詮)』을 저술하였다.
　여러 사람이 저술한 것을 모아 선문의 근원이 되는 도리를 나타냈으니, 문자와 게송들로 한 장(藏)[35]을 만들어 후손들에게 물려주었다.
　대사는 서문에서 간략히 말하였다.
　"선(禪)은 천축의 말인데 갖추어 말하면 선나(禪那)이다. 번역하면 사유수(思惟修), 또는 정려(靜慮)라고 하니, 모두가 선정과 지혜를 통틀어 부른 말이다.
　원(源)이라 함은 모든 중생들의 근본이 되는 깨달음의 참 성품이며, 불성이라고도 하고 심지(心地)라고도 한다. 깨달으면 지혜라 하고 닦으면 선정이라 하는데, 선정과 지혜를 통틀어 선(禪)이라 한다. 이 성품이 선의 근원이므로 선원(禪源)이라 한다.

　師以禪教學者互相非毀。遂著禪源諸詮。寫錄諸家所述。詮表禪門根源道理。文字句偈集為一藏(或云。一百卷)以貽後代。其都序略曰。禪是天竺之語。具云禪那。翻云思惟修。亦云靜慮。皆是定慧之通稱也。源者。是一切眾生本覺真性。亦名佛性。亦名心地。悟之名慧。修之名定。定慧通名為禪。此性是禪之本源。故云禪源。

---

35) 혹은 백 권이라고 한다. (원주)

또한 선나이행(禪那理行)이라는 것은 이것의 본래의 근원이 선리(禪理)이며, 정념(情念)을 잊고 선행(禪行)에 계합하므로 이행(理行)이라 한다.

그러나 이제 모은 여러 사람의 저술이 선리를 말한 것이 많고, 선행을 말한 것이 적기 때문에 제목에 선원(禪源)을 썼다.

요즈음 참 성품만을 선이라 하는 이가 있는데, 이것은 이(理)와 행(行)의 뜻을 알지 못하고 또 중국과 인도의 말을 구분하지 못하기 때문이다.

그러나 참 성품을 떠나서 따로 선의 본체가 있는 것은 아니다. 다만 중생들이 진(真)을 미혹해서 티끌에 합치므로 산란이라 하고, 티끌을 등져 진(真)에 합친 것을 선정이라 할 뿐이다.

만일 본 성품에서 말한다면 진도 망도 아니요, 등짐도 산란함도 아니요, 선정도 어지러움도 아니거늘 무엇을 선이라 하겠는가?

亦名禪那理行者。此之本源是禪理。忘情契之是禪行。故云理行。然今所集諸家述作。多譚禪理少說禪行。故且以禪源題之。今時有但目真性為禪者。是不達理行之旨。又不辨華竺之音也。然非離真性別有禪體。但眾生迷真合塵即名散亂。背塵合真名為禪定。若直論本性。即非真非妄無背無合無定無亂。誰言禪乎。

하물며 이 진성은 선문(禪門)의 근원일 뿐 아니라, 만법의 근원이기 때문에 법성(法性)이라 하고, 중생들이 미혹하고 깨치는 근원이기 때문에 여래장(如來藏)이라 하며[36], 부처님들의 만 가지 공덕의 근원이기 때문에 불성(佛性)이라 하고[37], 보살들의 만행의 근원이므로 심지(心地)라고도 하는 것이다[38].

만행(萬行)이 육바라밀을 벗어나지 않는데, 선문은 그 여섯 가운데의 하나로서 다섯째에 해당하거늘 어찌 참 성품을 통틀어서 선행(禪行)이라 하겠는가? 그러나 선정의 한 가지 행문이 가장 신기하고 묘하여 성품 위의 무루 지혜를 일으킬 수 있으니, 온갖 묘한 작용과 만행과 만덕과 내지 신통과 광명이 모두 선정에서 일어난다.

況此眞性非唯是禪門之源。亦是萬法之源。故名法性。亦是眾生迷悟之源。故名如來藏藏識(出楞伽經)。亦是諸佛萬德之源。故名佛性(涅槃等經)。亦是菩薩萬行之源。故名心地(梵網經心地法門品云。是諸佛之本源。行菩薩道之根本。是大眾諸佛子之根本也)。萬行不出六波羅蜜。禪門但是六中之一。當其第五。豈可都目眞性爲一禪行哉。然禪定一行最爲神妙。能發起性上無漏智慧。一切妙用萬行萬德。乃至神通光明皆從定發故。

---

36) 출처 능가경. (원주)
37) 출처 열반등경. (원주)
38) 『범망경』'심지법문'에서 말하기를 "이것이 여러 부처님의 본원이요, 행해야 할 보살도의 근본이며, 이는 대중의 여러 불자들의 근본이다"라고 하였다. (원주)

그러므로 삼승의 학인이 거룩한 도를 구하고자 하면 반드시 선을 닦아야 한다. 이것을 떠나서는 딴 문이 없고, 이것을 떠나서는 딴 길이 없다. 심지어는 염불을 하여 정토에 태어나려 하여도 16관(十六觀)의 선법[39]이나 염불삼매(念佛三昧)[40]나 반주삼매(般舟三昧)[41]를 닦아야 한다.

또 참 성품은 더럽지도 깨끗하지도 않은 것이어서 범부와 성인의 차이가 없지만, 선에는 깊고 얕음과 계급의 차이가 있다. 이른바 외도의 계교를 품어 위를 좋아하고 아래를 싫어하면서 닦는 것은 외도선(外道禪)이요, 인과를 바로 믿기는 하나 역시 좋아하고 싫어하는 생각으로 닦는 것은 범부선(凡夫禪)이요, '나'가 공하다는데 치우쳐 진리를 닦는 것은 소승선(小乘禪)이요, '나'와 '법' 두 가지가 모두 공하다는 진리를 깨닫고 닦는 것은 대승선(大乘禪)이다.

三乘學人欲求聖道必須修禪。離此無門離此無路。至於念佛求生淨土。亦修十六觀禪及念佛三昧般舟三昧。又眞性即不垢不淨凡聖無差。禪則有淺有深階級殊等。謂帶異計欣上厭下而修者。是外道禪。正信因果亦以欣厭而修者是凡夫禪。悟我空偏眞之理而修者。是小乘禪。悟我法二空所顯眞理而修者。是大乘禪。

---

39) 16관(十六觀)의 선법 : 극락세계를 관하는 16가지 관법.
40) 염불삼매(念佛三昧) : 일념으로 부처님 명호를 염해 모든 번뇌 망상이 쉬어진데서 오직 마음뿐인 경지.
41) 반주삼매(般舟三昧) : 상행도(常行道)라 하며, 7일 또는 90일 동안 몸과 입과 뜻으로 끊어짐이 없이 수행한데서 오직 마음뿐인 경지.

만일 자기의 마음이 본래 청정하여 원래 번뇌가 없고, 무루의 지혜의 성품이 본래 구족하며, 이 마음이 곧 부처이어서 끝내 다름이 없음을 단박에 깨닫고, 이를 의지해서 닦는 이것이 최상승선(最上乘禪)이며, 여래청정선(如來淸淨禪)이라고도 하고, 일행삼매(一行三昧)라고도 하며, 진여삼매(眞如三昧)라고도 하니 이는 온갖 삼매의 근본이다.

만일 생각 생각마다 닦아 익히면 자연히 백천 삼매를 차츰 얻게 될 것이니, 달마의 문하에서 차례차례 전하는 것이 이 선법이다.

달마가 오기 전에 옛날부터 여러 회상에서 알고 있던 선법은 모두가 사선팔정(四禪八定)[42]으로서 여러 고승들이 그것을 의지해 닦아서 모두가 공용(功用)을 얻었다.

若頓悟自心。本來淸淨元無煩惱。無漏智性本自具足。此心卽佛畢竟無異。依此而修者。是最上乘禪。亦名如來淸淨禪。亦名一行三昧。亦名眞如三昧。此是一切三昧根本。若能念念修習。自然漸得百千三昧。達磨門下展轉相傳者。是此禪也。達磨未到。古來諸家所解。皆是前四禪八定。諸高僧修之皆得功用。

---

42) 사선팔정(四禪八定) : 사선(四禪)과 사정(四定)을 합쳐서 사선팔정(四禪八定)이라 한다. 사선은 색계의 네 선정(禪定)인 초선, 제2선, 제3선, 제4선을 말하고, 사정은 무색계의 네 선정인 공무변처정(空無邊處定), 식무변처정(識無邊處定), 무소유처정(無所有處定), 비상비비상처정(非想非非想處定)을 말한다.

남악(南嶽)과 천태(天台)는 삼제(三諦)[43]의 이치에 의지해서 삼지(三止)[44]와 삼관(三觀)[45]을 닦게 하였으니, 교의(敎義)가 가장 원묘(圓妙)하기는 하나 그 뜻에 들어가는 문과 차례는 역시 앞의 여러 선법의 행상과 같았다.

오직 달마가 전한 것만이 부처와 같이 단박에 깨닫게 해서 여러 다른 종문과 크게 다르므로 종지를 닦아 익히는 이가 그 뜻을 깨닫기 어렵다. 얻으면 속히 보리를 이루지만, 잃으면 삿되게 되어 빠르게 도탄에 빠진다.

南嶽天台令依三諦之理修三止三觀。敎義雖最圓妙。然其趣入門戶次第。亦只是前之諸禪行相。唯達磨所傳者。頓同佛體。逈異諸門。故宗習者難得其旨。得即成聖疾證菩提。失則成邪速入塗炭。

---

43) 삼제(三諦) : 천태 선사가 주창한 공제(空諦)·가제(假諦)·중제(中諦)의 세 가지 진리를 말한다.
44) 삼지(三止) : 지란 정(定), 선정, 삼매라고 하며 마음을 고요히 쉬는 것으로 천태 선사의 삼지가 있다.
45) 삼관(三觀) : 관이란 망상과 미혹을 관찰하여 진리를 달관하는 것으로 지(智)와 같다. 천태 선사의 삼관이 있다. 공관(空觀)은 모든 법이 공(空)함을 관하는 것이고, 가관(假觀)은 모든 법이 가(假)임을 관하는 것이며, 중관(中觀)은 모든 법이 공도 가도 아님을 관하는 것이다.

선조(先祖)들은 어둠을 밝혀 잃는 것을 막기 위하여 한결같이 한 사람이 한 사람에게 전해서, 후대 사람들이 의지할 바를 두어 천 등불이 모든 곳을 비추듯 하였다.

그러나 법이 오래되어 폐단을 이루게 되자 잘못 아는 이가 많아져 경론(經論)을 배우는 학인들의 의혹과 비방도 많아졌다.

부처님은 돈교(頓敎)⁴⁶⁾와 점교(漸敎)⁴⁷⁾를 말씀하셨고, 선법에는 돈문(頓門)과 점문(漸門)을 열었으니, 두 교법과 두 선법은 서로가 부합되는 것이건만, 요사이 강의하는 이는 점문의 이치만을 드러내고, 선(禪)을 하는 이는 돈문의 뜻만을 치우쳐 전파하므로 선사와 강사가 만나면 호월(胡越)⁴⁸⁾의 거리를 이루게 되었다.

先祖革昧防失故。且人傳一人。後代已有所憑故。任千燈千照。洎乎法久成弊。錯謬者多故。經論學人疑謗亦眾。原夫佛說頓教漸教。禪開頓門漸門。二教二門各相符契。今講者偏彰漸義。禪者偏播頓宗。禪講相逢胡越之隔。

---

46) 돈교(頓敎) : 바로 깨달음에 이르는 가르침.
47) 점교(漸敎) : 점진적 수행으로 깨달음에 이르는 가르침.
48) 호월(胡越) : 북쪽 호나라와 남쪽 월나라처럼 서로 멀리 떨어져 있음을 이른다.

알 수 없어라. 종밀(宗密)은 전생에 무엇을 지었기에 이 마음을 익히어 깨달아서, 스스로 해탈치 못한 다른 이의 속박을 풀어주려 하는가. 법을 위하여는 목숨을 버렸고, 남을 간절히 불쌍하게 여기는 마음은 하늘에 사무쳤다.

항상 법과 사람이 어긋나서 법이 사람의 병이 되는 것을 한탄하였으므로, 따로 경과 율과 논의 소를 짓고, 계와 정과 혜의 문을 크게 열어 돈오가 점수에 도움이 되는 것을 드러내고, 조사의 말이 부처님의 뜻에 부합됨을 증명하였다.

뜻으로 이미 본말을 자세히 보였으나, 글이 넓고 길어서 찾기 어려우므로 대개 배우는 이는 많으나, 뜻을 얻은 이는 적었다. 하물며 이름과 형상의 자취에 걸렸으니 어찌 금과 놋을 가리리오. 헛되이 수고할 뿐, 감응하는 근기를 볼 수 없었다.

宗密不知宿生何作薰得此心。自未解脫欲解他縛。爲法亡於軀命。愍人切於神情。每歎人與法差法爲人病。故別撰經律論疏。大開戒定慧門。顯頓悟資於漸修。證師說符於佛意。意既本末而委示。文乃浩博而難尋。汎學雖多秉志者少。況迹涉名相誰辨金鍮。徒自疲勞未見機感。

부처님께서 말씀하기를 비증(悲增)⁴⁹⁾이 수행이라고 하셨으나, 스스로가 애견(愛見)을 막기 어려울 것이 염려되어, 대중을 버리고 산에 들어가 선정과 지혜를 균등히 닦아 익히고 앞뒤 생각을 쉬기를 무릇 10년이었다.
　미세한 습기와 감정의 일어나고 멸함이 고요한 지혜에 의해 밝혀지고, 온갖 법과 이치를 공한 마음으로 드러내기를 빈틈으로 비치는 햇빛에 가는 티끌까지 선명하게 드러나듯 하며, 맑은 못 밑의 그림자가 분명하듯 했으니, 어찌 공연히 침묵을 지키는 어리석은 선(禪)과 글줄만을 찾는 미친 지혜에다 견주겠는가?
　그러므로 본래의 자신의 마음을 깨닫는 것에 의하여 모든 교법을 판단했기 때문에 선법에 마음이 간절했고, 또 모든 교법을 판단하고서 마음 닦는 법을 해석하기 때문에 교리에 대하여 더욱 정성스러웠다.

雖佛說悲增是行。而自慮愛見難防。遂捨眾入山習定均慧。前後息慮相繼十年。微細習情起滅彰於靜慧。差別法義羅列現於空心。虛隙日光纖埃擾擾。清潭水底影像昭昭。豈比夫空守默之癡禪。但尋文之狂慧者也。然本因了自心而辨諸教故。懇情於心宗。又因辨諸教而解修心故。虔誠於教義。

---

49) 비증(悲增) : 중생을 불쌍히 여기는 마음이 더욱 늘어남.

교리라 함은 모든 부처님과 보살들이 남기신 경과 론이요, 선이라 함은 여러 선지식들이 서술하신 어구와 게송이다. 다만 불경은 대천세계의 팔부(八部)⁵⁰⁾의 무리에게까지 펴신 것이고, 선문의 게송은 간략하게 뽑은 방편으로서 이 곳 한 종류 근기에만 응하니, 무리에게 벌려 놓으면 드넓어서 의지하기 어렵고, 기틀에 나아가면 확실하고 적절히 가리켜 쓰기 쉬우니, 이제 찬술하여 모으는 뜻이 여기에 있다."

배휴(裵休)는 서문에서 이렇게 말하였다.
"여러 종파의 문하마다 모두 통달한 사람이 있다. 그러나 제각기 익힌 바에 안주하여 융통한 이는 적고 국집한 이는 많다. 수십 년 동안 조사의 법이 더욱 무너져 이어받는 것으로서 문호를 삼아 제각기 펴서, 경과 논으로써 무기를 삼아 서로서로가 공격을 일삼는다.

敎也者諸佛菩薩所留經論也。禪也者諸善知識所述句偈也。但佛經開張羅大千八部之衆。禪偈撮略就此方一類之機。羅衆則莽蕩難依。就機則指的易用。今之纂集意在斯焉。裵休爲之序曰。諸宗門下皆有達人。然各安所習通少局多。數十年中師法益壞。以承稟爲戶牖各自開張。以經論爲干戈互相攻擊。

---

50) 팔부(八部) : 불법을 듣는 여덟 대중. 천(天), 용(龍), 야차(夜叉), 건달바(乾達婆), 아수라(阿修羅), 가루라(迦樓羅), 긴나라(緊那羅), 마후라가(摩睺羅迦).

정(情)은 갑옷을 만드는 사람과 화살을 만드는 사람에 따라 변천하고, 법은 '나'와 '너'라는 상을 따라 높고 낮음으로서 시비가 어지러워져 판가름할 도리가 없게 되었다. 세존과 보살을 따른다는 제방의 교종(敎宗)들이 뒷사람들의 시비를 일으켜 번뇌의 병만 더할 뿐이었으니 무슨 이익이 있으랴.

규산(圭山, 규봉) 대사가 오래 탄식하다가 '내가 이때를 당하여 잠자코 있을 수 없다.'라고 하시고, 여래의 세 가지 교리로 선종의 세 가지 법문에 맞추어 병·소반·비녀·가락지를 융합해서 하나의 금으로 만들고, 소락51)과 제호52)를 섞어서 한 맛이 되듯이 하니, 강령(綱領)을 잡고 들추면 모두가 순조롭게 요긴함을 알게 하여 오는 이마다 뜻이 모두 같게 하셨다.

情隨函矢而遷變。法逐人我以高低。是非紛挐莫能辨析。則向者世尊菩薩諸方教宗。適足以起諍後人。增煩惱病。何利益之有哉。圭山大師久而歎曰。吾丁此時不可以默矣。於是以如來三種教義。印禪宗三種法門。融瓶盤釵釧為一金。攪酥酪醍醐為一味。振綱領而舉者皆順。據會要而來者同趣。

---

51) 소락 : 소나 양의 젖.
52) 제호 : 우유를 정제하여 만든 최상의 유제품을 뜻한다. 불성,불법의 지극한 묘리에 자주 비유된다.

더구나 학자들이 밝히기 어려울까 걱정이 되어 다시 종지의 근본과 끝, 진(眞)과 망(妄)의 화합, 공한 성품의 숨고 드러남, 법과 이치의 차별됨, 돈과 점의 같고 다름, 막고 드러냄의 엇바뀜, 방편과 실다움의 깊고 얕음과 융통함과 국집함의 시비를 바로 보이셨다.

우리 스승 같은 분이 부처님의 지혜를 받들어서 간곡히 두루 비추시니 의혹의 안개가 모두 사라지고, 부처님의 마음에 순응하여 크게 인자함을 펴시니 겁이 다하도록 이익을 받게 되었다.

그러므로 세존은 교리를 펴신 주인이요, 우리 스승은 교리를 회통한 분이시니, 근본과 끝이 서로 부합되고, 멀고 가까움이 마주 비쳐서 일대시교(一代時敎)[53]의 장한 일이 끝났다 하리라.

尚恐學者之難明也。又復直示宗源之本末。眞妄之和合。空性之隱顯。法義之差殊。頓漸之異同。遮表之迴互。權實之深淺。通局之是非。若吾師者。捧佛日而委曲迴照疑噎盡除。順佛心而橫亘大悲窮劫蒙益。則世尊爲闡敎之主。吾師爲會敎之人。本末相符道遠近相照。可謂畢一代時敎之能事矣。

---

53) 일대시교(一代時敎) : 부처님께서 일생 동안 베푸신 가르침.

혹 어떤 이가 묻기를 '여래로부터 아직까지 통틀어서 회통한 일이 없었는데, 이제 일시에 종지를 어기어 지키지 않고, 관방(關防)을 폐지하여 의지하지 않으니, 비밀하게 잘 계합해야 하는 도에 어기는 것이 아니겠는가?'라고 하니, 이에 답하시기를 '여래께서 처음에는 삼승을 따로따로 말씀하셨지만 나중에는 하나로 회통하셨느니라.'[54]라고 하셨다.

그러므로 『열반경』에서 가섭 보살이 '부처님들은 비밀한 말씀은 있어도 비밀한 창고는 없습니다.'라고 찬탄하니, 세존께서 칭찬하시기를 '여래의 말은 드러나고 청정하여 가림이 없거늘 어리석은 사람들은 알지 못하여 비밀한 창고라 하는데 지혜로운 이가 깨달으면 비밀한 창고라 하지 않는다.'라고 하시니, 이것이 그 증거이다.

或曰。自如來未嘗大都而通之。今一旦違宗趣而不守。廢關防而不據。無乃乖祕藏密契之道乎。答曰。如來初雖別說三乘。後乃通爲一道(三十年前或說小乘。或說空敎。或說相敎。或說性敎。聞者各隨機證悟不相通知也。四十年後坐靈鷲而會三乘。詣拘尸而顯一性。前後之軌則也)。故涅槃經迦葉菩薩曰。諸佛有密語無密藏。世尊讚之曰。如來之言開發顯露淸淨無翳。愚人不解謂之祕藏。智者達了則不名藏。此其證也。

---

54) 30년 전에는 소승을 말씀하시기도 하고, 공교(空敎)를 말씀하시기도 하고, 상교(相敎)를 말씀하시기도 하고, 성교(性敎)를 말씀하시기도 하여 듣는 이가 제각기 성품에 따라 깨달았으므로 서로 통하지 않았다. 40년 뒤에는 영취산에 앉아서 삼승을 회통하고 구시나(狗尸那)에 가서 일성(一性)을 드러내시니, 이것이 전후의 일정한 궤칙(軌則)이었다. (원주)

그러므로 왕도(王道)가 흥왕하면 문을 닫지 않아도 도적이 지켜지고, 불도가 갖추어져 발전하면 모든 법을 지녀 사마 외도가 막아진다.[55] 그러니 다시는 망정에 집착되어 그 사이에 뛰어들지 마라."[56]

대사는 회창(會昌) 원년 정월 6일에 흥복사(興福寺) 탑원(塔院)에 앉아서 입멸하니, 그 달 22일에 도속(道俗)들이 시체를 규봉에다 모셨다가 2월 13일에 화장을 하여 밝고 크고 윤택한 사리를 얻었다. 나중에 문인들이 울면서 구하니, 모두가 잿 속에서 얻어 석실(石室) 속에 봉안하였다. 수명은 62세이고 법랍은 34세였다.

故王道興則外戶不閉。而守在戎夷。佛道備則諸法總持。而防在魔外(涅槃圓教和會諸法。唯簡別魔說及外道邪宗耳)。不當復執情攘臂於其間也(師又著圓覺大小二疏鈔。法界觀門。原人等論。皆裴休為之序引。盛行於世)。師會昌元年正月六日於興福塔院坐滅。二十二日道俗等奉全身於圭峯。二月十三[57]日荼毘得舍利明白潤大。後門人泣而求之。皆得於煨燼乃藏之石室。壽六十有二。臘三十四。

---

55) 열반의 원교(圓教)에서 모든 법을 두루 통합하였으나 사마(외도)와 이승(소승)의 학설만은 가려내었다. (원주)
56) 대사는 『원각경』의 대소 두 소초를 지었고 『법계관문』과 『원인론』을 지었는데, 모두 배휴가 서문을 지었으니 세상에 성행하였다. (원주)
57) 三이 원나라본에는 二라 되어있다.

대사는 유언하기를 "시체를 메다가 새와 짐승에게 보시하고, 뼈는 태워서 뿌려라. 까닭 없이 슬퍼하여서 선정을 어지럽히지 마라. 매년 청명(淸明) 때에는 산에 올라가서 7일 동안 살림〔講道〕[58]을 하라. 그 밖의 주지해야 할 법은 계율에 맞게 하라. 어기는 이는 나의 제자가 아니다."라고 하였다.

상복을 입은 사부 대중 중 수천 명이 슬피 울며 들을 뒤덮었는데 선종(宣宗)이 다시 불교를 세우게 되자 정혜(定慧) 선사라는 시호를 추가로 하사하고, 탑호는 청련(靑蓮)이라 하였다.

상공(相公)인 소면(蕭俛)이 자기의 견해를 바치고, 대사에게 주석(註釋)을 청하였다.

"하택(荷澤) 선사께서 말씀하시기를 '모든 삼매에서 청정한 본체를 보면 팔만 사천 모든 바라밀문도 모두가 견해 위에서 잠시 일어나는 작용일 뿐이니 이름하여 혜안(慧眼)이라 한다.

遺誡令舁屍施鳥獸。焚其骨而散之。勿得悲慕以亂禪觀。每淸明上山必講道七日。其餘住持儀則當合律科。違者非吾弟子。持服四眾數千百人哀泣喧野。曁宣宗再闢眞敎。追諡定慧禪師。塔曰靑蓮。蕭俛相公呈己見解請禪師注釋曰。荷澤云。見淸淨體於諸三昧八萬四千諸波羅蜜門。皆於見上一時起用。名爲慧眼。

---

58) 살림〔講道〕: 불교에서 금강경 설법을 하는 기간을 '금강경 살림'이라 하고, 법화경 설법을 하는 기간을 '법화경 살림'이라고 한다. 원문의 강도(講道)는 도를 강의하거나 설하는 것을 뜻한다.

만일 바르게 진여와 상응할 때에,

(선악도 생각하지 말고 공유(空有)도 생각하지 말라.)[59]

만 가지 변화가 적멸해지니,

(만법이 모두 생각과 반연으로 생긴 것이니, 모두가 비었다 함마저 빈 까닭에 변화라 한다. 이미 한 생각도 일어난 적 없어 만법도 일어난 적 없으니 없앨 것도 없어 스스로 적멸하다.)

이런 때에 다시 볼 것이 없고,

(비추는 본체가 홀로 분명하니, 환 같은 지혜에 단계라는 것이 없다.)

삼매와 모든 바라밀도 일시에 공적해져서 다시는 얻을 것이 없다.'라고 하시니,

若當眞如相應之時(善惡不思。空有不念)萬化寂滅(萬法俱從思想緣念而生。皆是虛空。故云化也。旣一念不生則萬法不起。故不待泯之自然寂滅也)。此時更無所見(照體獨立夢智亡階)。三昧諸波羅蜜門亦一時空寂。更無所得

---

59) 괄호속의 내용은 상공(相公) 소면(蕭俛)의 청에 의한 규봉 종밀 선사의 주석(註釋)이다.

(산란과 삼매, 이 언덕과 저 언덕은 마주 대하여 바로 잡는 말인데, 만약 마음에 망념이 없고 성품에 남이 없음을 알면, 곧 선정과 어지러움, 참과 허망이 일시에 적멸하리니 그러므로 얻는다는 것도 없다.)

이것도 견해 위에 일시적으로 일어나는 작용입니까?

(그러므로 성품을 보아 두렷이 밝으면 이치가 끊어지고 상을 여의니, 곧 상이라는 것이 끊어지면 묘용이 되고 형상에 머무르면 집착하는 정(情)이 된다. 팔만법문이 모두가 그러하여 한 법이라도 있다 하면 한 티끌이 되고 한 법이 공하면 온통인 작용이다. 그러므로 청정한 본체를 보면 온통 일어나는 작용일 뿐이다.)

바라건대 후에 저에게 대답을 보내주십시오."

(散亂與三昧。此岸與彼岸。是相待對治之說。若知心無念見性無生。則定亂真妄一時空寂。故無所得也)。**不審此是見上一時起用否**(然見性圓明理絕相累。即絕相為妙用。住相為執情。於八萬法門一一皆爾。一法有為一塵。一法空為一用。故云。見清淨體則一時起用矣)。**望於此後示及俛狀**。

사산인(史山人)의 열 가지 물음에 대사가 이렇게 대답하였다.[60]

문1.
"어떤 것이 도이고 어떻게 닦으며, 반드시 닦아서 이루어야 합니까, 아니면 공부가 필요치 않습니까?"
답1.
"걸림 없음이 도요, 허망을 깨닫는 것이 수행이다. 도는 본래부터 원만하나 허망하게 일어나는 것이 허물이니, 허망한 생각이 다하면 그것을 닦아 이루었다 한다."

문2.
"만일 닦아서 이룬다면 이는 조작하는 것이어서 거짓되어 진실치 않아, 이루었다가는 다시 무너지는 세간의 법과 같으리니 어찌 세간 밖의 법이라 하겠습니까?"

答史山人十問(問答各是一本。今參而寫之)。一問。云何是道。何以修之。為復必須修成。為復不假功用。答。無礙是道。覺妄是修。道雖本圓妄起為累。妄念都盡即是修成。二問。道若因修而成即是造作。便同世間法虛偽不實成而復壞。何名出世。

---

60) 문답(問答)마다 책이 한 권이므로 이를 참작하여 옮겨 쓴다. (원주)

답2.

"조작이란 업을 짓는 것으로서 거짓된 세간이라 하고, 지음 없는 수행이라야 진실하게 세간을 벗어난다."

문3.

"그 닦는다는 것은 돈수(頓修)입니까, 점수(漸修)입니까? 점수라면, 앞도 뒤도 잊어야 하거늘 어떻게 모아서 이루겠습니까? 돈수라면, 만행의 방편 길이 많거늘 어찌 일시에 원만하겠습니까?"

답3.

"진리는 깨달음과 동시에 원만해지나 망정은 차츰 사라진다. 단번에 원만해지는 것은 마치 갓난 아기가 일시에 팔다리가 구족한 것과 같고, 차츰 닦아나가는 것은 마치 차츰 자라서 어른이 되어야 의지와 기상이 서는 것과 같다."

答。造作是結業名虛偽世間。無作是修行即真實出世。三問。其所修者為頓為漸。漸則忘前失後。何以集合而成。頓則萬行多方。豈得一時圓滿。答。真理即悟而頓圓。妄情息之而漸盡。頓圓如初生孩子。一日而肢體已全。漸修如長養成人。多年而志氣方立。

문4.

"마음을 닦는 법은 마음만 깨달으면 그만입니까, 아니면 따로 수행하는 문이 있습니까? 따로 수행하는 문이 있다면 무엇을 남종(南宗) 돈오의 종지라 하며, 깨달으면 그대로가 모든 부처님과 같다면 어찌 신통 광명을 놓지 않습니까?"

답4.

"연못의 얼음이 완전히 물인 줄 아나 볕을 빌려야 녹고, 범부가 성인임을 깨달았으나 법력을 빌려서 닦아 익혀야 한다. 얼음이 녹으면 물이 윤택하여 온갖 곳에 쓰이는 공(功)이 넓고, 허망이 다하면 마음이 신령하게 통하여 비로소 신통 광명을 일으킨다. 그러니 마음을 닦는 이외에 다른 수행의 문이 없다."

문5.

"만약 마음만 닦으면 부처를 이룰 수 있다고 한다면 무슨 까닭에 모든 경에서는 '불국토를 장엄하고 중생을 교화하여야 비로소 도를 이룬다.'라고 하였습니까?"

四問。凡修心地之法。爲當悟心即了。爲當別有行門。若別有行門何名南宗頓旨。若悟即同諸佛何不發神通光明。答。識氷池而全水。籍陽氣而鎔消。悟凡夫而即眞。資法力而修習。氷消則水流潤。方呈溉滌之功。妄盡則心靈通。始發通光之應。修心之外無別行門。五問。若但修心而得佛者。何故諸經復說。必須莊嚴佛土敎化眾生方名成道。

답5.

"거울이 밝으면 영상에 천 가지 차별이 있고, 마음이 맑으면 신통이 만 가지로 나타나니, 영상은 불국토를 장엄하는 것을 비유하고, 신통은 중생을 교화하는 것을 비유하였다. 그러나 장엄은 장엄이 아니요, 영상은 빛이면서 빛이 아니다."

문6.

"여러 경에서 중생을 제도하라 하였으나 중생은 중생이랄 것이 없거늘, 무엇 때문에 애써서 제도하려 합니까?"

답6.

"만일 중생이 실제로 있다면 제도하기에 수고롭겠지만 이미 스스로가 말하기를 곧 중생이 아니라 하면서 어찌 제도하되 제도함이 없는 줄은 모르는가?"

答。鏡明而影像千差。心淨而神通萬應。影像類莊嚴佛國。神通則教化眾生。莊嚴而即非莊嚴。影像而亦色非色。六問。諸經皆說度脫眾生。眾生且即非眾生。何故更勞度脫。答。眾生若是實度之則爲勞。既自云即非眾生。何不例度而無度。

문7.

"여러 경에서 부처님이 상주(常住)하신다고 하고, 혹은 열반에 드신다고도 하니, 상주하시면 열반에 들지 않을 것이요, 열반에 들면 상주하지 않아야 하리니, 어찌 서로 어기는 것이 아니겠습니까?"

답7.

"온갖 형상을 여읜 것이 모든 부처라 하거늘 어찌 세상에 나타나거나 열반에 드는 일이 있으랴. 들고 남이 있다고 보는 것은 근기와 인연에 달렸는데, 인연이 맞으면 보리수 밑에서 나타나시고, 인연이 다하면 사라(娑羅) 숲에서 열반에 드신다.

마치 맑은 물이 무심하지만 나타내지 못하는 영상이 없는 것과 같다. 영상은 나라는 것이 있는 것이 아니어서 겉의 물건이 가고 올 뿐이듯, 형상은 이미 부처의 몸이 아니거늘, 어찌 여래께서 가고 옴이 있다 하랴.

七問。諸經說佛常住。或即說佛滅度。常即不滅。滅即非常。豈不相違。答。離一切相即名諸佛。何有出世入滅之實乎。見出沒者在乎機緣。機緣應則菩提樹下而出現。機緣盡則娑羅林間而涅槃。其猶淨水無心無像不現。像非我有。蓋外質之去來。相非佛身。豈如來之出沒。

문8.

"부처님은 화(化)하여 나신 분이거늘 어찌 내가 그 분의 나신 것과 같다 하십니까? 부처님은 이미 생멸이 없는데 난다는 것은 무슨 뜻입니까? 만일 마음이 나면 법이 나고, 마음이 멸하면 법이 멸한다 하면 어떻게 무생법인(無生法忍)을 얻었다 하겠습니까?"

답8.

"이미 화(化)하였다고 했으니 화함은 곧 '공'이다. '공'은 남이 없거늘 어찌 나는 이치를 힐난하랴. 생멸이 멸하면 적멸이 참이 되니 이런 법을 무생법인이라 한다."

문9.

"모든 부처님들께서 도를 이루시고 설법을 하신 것은 다만 중생을 제도하시기 위함이라 했는데, 중생에게는 육도가 있거늘 부처님께서는 어째서 인간 세계에만 나타나십니까?

八問。云何佛化所生吾如彼生。佛既無生。生是何義。若言心生法生心滅法滅。何以得無生法忍耶。答。既云如化化即是空。空即無生何詰生義。生滅滅已寂滅為真。忍可此法無生。名曰無生法忍。九問。諸佛成道說法祗為度脫眾生。眾生既有六道。佛何但住在人中現化。

또 부처님께서 열반에 드신 뒤에 가섭에게 법을 전하시고, 마음에서 마음으로 전하여 중국에 이르러서 7조(祖)도 한 사람씩에게만 전하였으니, 이미 말한 바와 같이 일체 중생에게 모두 외아들의 지위를 얻게 한다고 하고서 어찌 두루 전해 주지 않았습니까?"

답9.

"해와 달이 하늘에 솟아 시방(十方)을 비추어도 소경은 보지 못하고, 엎어진 동이 밑은 밝지 않은 법이다. 그러나 이것은 해와 달이 두루하지 않은 것이 아니라 장애물의 탓이다. 제도하거나 제도하지 않는 이치는 이렇게 생각해야 할 것이니, 인간과 천상에만 국집하고 귀신과 축생은 버렸다 하지 말아야 한다.

다만 인도(人道)에서만 결집하여 끊이지 않고 전하므로 부처님이 인간에게만 나타나는 것으로 안다.

又佛滅後付法於迦葉以心傳心。乃至此方七祖每代祇傳一人。旣云於一切衆生皆得一子之地。何以傳授不普。答。日月麗天六合俱照而盲者不見。盆下不知。非日月不普。是障隔之咎也。度與不度義類如斯。非局人天揀於鬼畜。但人道能結集傳授不絶故。祇知佛現人中也。

부처님께서 열반에 드신 뒤에 가섭에게 전하여 차례차례 한 사람씩만 이어받은 것은 그 당시의 교주(敎主)를 말한 것이니, 마치 한 나라에 두 임금이 있을 수 없는 것 같으나 실제로 제도를 받은 이가 그 숫자만은 아니다."

문10.
"화상은 무엇을 인하여 발심했으며, 어떤 법을 사모해서 출가했고, 지금은 어떻게 수행하며, 어떤 법의 맛을 얻었고, 수행에 의하여 어떤 지위에 이르렀습니까? 마음을 머무르십니까, 혹은 닦으십니까? 마음을 머무르신다면 마음 닦는 일에 방해가 될 것이요, 마음을 닦는다면 생각이 움직여서 편안치 못할 것이거늘 어찌 도를 배운다 하겠습니까? 또 마음을 한 곳에 두면 어찌 성품이 결정된 무리와 다르겠습니까? 바라건대 대덕께서 대자대비를 베푸시어 이치에 맞고 여여(如如)하게 차례차례 대답해 주십시오."

滅度後委付迦葉。展轉相承一人者。此亦蓋論當代為宗教主。如土無二王。非得度者唯爾數也。十問。和尚因何發心。慕何法而出家。今如何修行。得何法味。所行得至何處地位。令住心耶修心耶。若住心妨修心。若修心則動念不安。云何名為學道。若安心一定。則何異定性之徒。伏願大德。運大慈悲如理如如次第為說。

답10.

"사대(四大)[61]가 환과 같음을 깨닫고, 육진(六塵)[62]이 허공의 꽃 같음을 통달하며, 자기의 마음이 부처의 마음임을 깨닫고, 본 성품이 법성임을 보면 이것이 발심이요, 마음이 머무를 바 없음을 알면 이것이 수행이요, 머무른 바 없이 알면 그것이 법의 맛이다.

법에 머물러 집착하면 그것이 요동하는 망념이니, 그러므로 어떤 사람이 어두운 곳에 들어가면 아무것도 보이지 않는 것과 같다.

이제 머무른 바가 없으면 물들지 않고 집착하지 않으니, 그러므로 어떤 사람이 눈이 있고 광명이 있으면 갖가지 법을 보는 것과 같다. 어찌 까닭 없이 결정된 성품의 무리라 하겠는가? 이미 집착하는 바가 없거니 어찌 장소를 논하겠는가?"

答。覺四大如坏幻。達六塵如空華。悟自心爲佛心。見本性爲法性。是發心也。知心無住即是修行。無住而知即爲法味。住著於法斯爲動念。故如人入闇則無所見。今無所住。不染不著。故如人有目及日光明見種種法。豈爲定性之徒。既無所住著何論處所。

---

61) 사대(四大) : 땅・물・불・바람. 우주의 네 가지 원소.
62) 육진(六塵) : 색・소리・향기・맛・촉감・법 등 여섯 경계.

또 산남(山南)의 온조(溫造) 상서(尙書)가 물었다.

"진리를 깨닫고 망상을 쉰 사람은 업을 짓지 않는데 한 번 받은 수명이 다한 뒤에는 영혼이 어디에 의지합니까?"

대사가 답하였다.

"일체 중생이 깨달음의 성품을 갖추지 않은 이가 없어서 신령하게 밝고 공적함이 부처님과 다름이 없다.

다만 비롯함이 없는 겁으로부터 아직까지 깨닫지 못하고 허망한 몸을 집착한 것이 아상(我相)이 되었다. 그러므로 사랑과 미움 따위 감정을 일으키고, 감정을 따라 업을 짓고, 업을 따라 생·노·병·사의 과보를 받아 여러 겁 동안 윤회하는 것이다.

그러나 자신의 깨달음의 성품은 일찍이 나지도 죽지도 않는 것이니, 마치 어떤 사람이 꿈속에서 남에게 끌려 일을 했지만 본래의 몸은 한가했고, 물이 얼음이 되었으나 습기의 성품은 바뀌지 않는 것과 같다.

만일 이 성품이 곧 법신임을 깨달으면 본래 나는 것이 없으니 어디에 의탁할 곳이 있으랴.

又山南溫造尙書問。悟理息妄之人不結業。一期壽終之後靈性何依者。答。一切眾生無不具有覺性。靈明空寂與佛無殊。但以無始劫來未曾了悟。妄執身為我相。故生愛惡等情。隨情造業。隨業受報。生老病死長劫輪迴。然身中覺性未曾生死。如夢被驅役而身本安閑。如水作氷而濕性不易。若能悟此性即是法身。本自無生何有依託。

신령스럽고 어둡지 않아 분명하게 항상 알고 있으되 온 곳도 없고 간 곳도 없다.

그러나 많은 이가 허망한 집착을 내고 습관으로 성품을 이루어, 기쁨·성냄·슬픔·즐거움이 미세하게 흘러든다. 비록 진리를 이와 같이 온통 깨달았으나 망정은 갑자기 제하기 어려우므로 오래도록 깨달음을 살려 제하고 제해야 한다. 마치 바람이 뚝 그쳐도 물결은 차츰차츰 그치는 것 같으니, 어찌 겨우 일생 동안 닦은 것이 부처님들의 힘이나 작용과 같을 수 있으랴.

다만 공적(空寂)으로써 자체(自體)를 삼을 뿐 색신(色身)을 잘못 알지 말고, 신령스런 앎을 스스로의 마음으로 삼을 뿐 허망한 생각을 잘못 알지 말라. 허망한 생각이 일어나도 전혀 따르지 않으면 목숨이 다할 때에 자연히 업(業)이 얽매지 못할 것이니, 비록 중음신(中陰身)[63]으로 있다 하여도 가는 곳마다 자유로워서 하늘과 인간에 마음대로 의탁하리라.

靈靈不昧了了常知。無所從來亦無所去。然多生妄執習以性成喜怒哀樂微細流注。真理雖然頓達。此情難以卒除。須長覺察損之又損。如風頓止波浪漸停。豈可一生所修便同諸佛力用。但可以空寂為自體。勿認色身。以靈知為自心。勿認妄念。妄念若起都不隨之。即臨命終時自然業不能繫。雖有中陰所向自由。天上人間隨意寄託。

---

63) 중음신(中陰身) : 죽어서 다시 태어날 때까지의 몸.

만일 사랑하고 미워하는 생각이 없어지면 분단신(分段身, 몸)을 받지 않고, 도리어 짧은 것을 길게 하고, 거친 것을 미세하고 묘하게 하리라.

만일 미세한 흐름마저 모두 적멸해지면 대원각(大圓覺)의 지혜만이 두렷이 밝아, 이것이 곧 근기와 인연에 따라 천백억 몸을 나타내어 인연 있는 중생을 제도하니, 이를 이름하여 부처라 한다.

삼가 대조하여 해석하면 마명 보살이 백 가지 대승경의 종지를 모아서 『대승기신론(大乘起信論)』을 짓고, 논(論) 안에 '일체 중생의 마음에는 깨달음과 깨닫지 못함이 있고, 깨달음에는 다시 본각(本覺)과 시각(始覺)이 있다.'라고 종지를 세웠는데, 위에서 서술한 바는 오직 이치로 비추고 마음을 관하는 곳에서 말했으니, 법의 이치는 또한 이 『기신론』과 같다.

앞에서 말한 처음의 '일체 중생이'부터 '부처님과 다름이 없다'라고 한 대목까지는 본각(本覺)이다.

若愛惡之念已泯。即不受分段之身。自能易短爲長易麁爲妙。若微細流注一切寂滅。唯圓覺大智朗然獨存。即隨機應現千百億身度有緣眾生。名之爲佛。謹對釋曰。馬鳴菩薩撮略百本大乘經宗旨。以造大乘起信論。論中立宗。說一切眾生心有覺義不覺義。覺中復有本覺義始覺義。上所述者。雖約但照理觀心處言之。而法義亦同彼論。謂從初至與佛無殊。是本覺也。

'다만 비롯함이 없는 겁으로부터' 이하는 불각(不覺, 깨닫지 못함)이요, '만일 이 성품이 곧 법신임을 깨달으면'부터는 시각(始覺)이다.

시각에도 돈오와 점수가 있으니, 여기서〔만일 이 성품이 곧 법신임을 깨달으면〕부터 '온 곳도 없고 간 곳도 없다'고 한 대목까지는 돈오요, '그러나 많은 이가 허망한 집착을 내고'부터는 점수이다.

점수에도 처음 발심한 뒤로 부처를 이루기까지 세 지위의 자재함이 있으니, 여기서〔그러나 많은 이가 허망한 집착을 내고〕부터 '마음대로 의탁하리라'고 한 곳까지는 수생의 자재〔受生自在〕요, '만일 사랑하고 미워하는' 이하는 변역의 자재〔變易自在〕요, '만일 미세한 흐름마저' 이하는 구경의 자재〔究竟自在〕이다.

또 '다만 공적(空寂)으로써 자체(自體)를 삼을 뿐'부터 '마음대로 의탁하리라'고 한 곳까지는 진리를 깨달은 사람이 조석으로 마음을 닦고, 지관(止觀)[64]을 닦아 익히는 요긴한 대목이다."

從但以無始下。是不覺也。從若能悟此下。是始覺也。始覺中復有頓悟漸修。從此次至亦無所去。是頓悟也。從然多生妄執下。是漸修也。漸修中從初發心乃至成佛有三位自在。從此至隨意寄託者。是受生自在也。從若愛惡之念下。是變易自在。從若微細流注下至末。是究竟自在也。又從但可以空寂為自體至自然業不能繫。正是悟理之人朝暮行心。修習止觀之要節也。

---

64) 지관(止觀) : 번뇌 망상을 쉬게 하는 관법.

종밀 선사가 먼저 팔구(八句) 게송[65]으로 이 뜻을 드러내어 상서 앞에서 읊었고, 분부를 받들어 주석(註釋)을 다음과 같이 달았다.

"이치 있는 일을 행하는 것은 또렷이 깨달은 마음이요"

(이치(義)라 함은 뜻의 이치를 말함이니, 인의(仁義)나 은의(恩義)를 말한 것은 아니다. 이 이치를 행할 때는 먼저 이로움과 해로움을 자세히 밝혀서 모름지기 도리에 맞는 까닭이 있은 뒤에 행해야만 바야흐로 같이 취하고 미친 무리로부터 면하게 된다.
불법에 나아가는 세 가지 뜻이 있으니 이는 곧 행할 만한 것이다.
첫째는 색신(色身)을 돕는 일이어서 의식과 의약과 방이나 집 따위 세간의 이치요, 둘째는 법신을 돕는 일이어서 계·정·혜·육바라밀 따위의 제일의(第一義)다.

宗密先有八句之偈顯云此意。曾於尚書處誦之。奉命解釋。今謹注釋。如後偈曰。作有義事是惺悟心(義謂義理非謂仁義恩義意明。凡所作為先詳利害。須有所以當於道理然後行之。方免同惛醉顛狂之人也。就佛法中有三種義。即可為之。一資益色身之事。謂衣食醫藥房舍等世間義也。二資益法身。謂戒定慧六波羅蜜等第一義也。

---

65) 팔구(八句) 게송 : 作有義事 是惺悟心 作無義事 是狂亂心 狂亂隨情念 臨終被業牽 惺悟不由情 臨終能轉業(이치 있는 일을 행하는 것은 또렷이 깨달은 마음이요, 이치 없는 일을 하면 미친 마음이다. 미쳐서 정념을 따르면 죽을 때 업에 끌려가고, 또렷하게 깨달아서 정념을 따르지 않으면 임종할 때 업을 굴리게 된다.)

셋째는 바른 법을 널리 펴서 여러 중생을 이롭게 하고 구제하는 것이다. 그 밖에 법을 위하는 온갖 반연의 일은 세간과 출세간에 다 통한다.)

"이치 없는 일을 하면 미친 마음이다."

(온갖 하는 일이 위의 세 가지 일을 반연치 않으면 이치 없는 일이라 한다. 미친 사람이라고 하는 것은 마치 세간에서 취하거나 미친 사람이 가는 곳마다 장소를 가리지 못하고, 하는 일마다 시비를 가리지 못하는 것과 같이, 아무것도 가리지 못함이니 어찌 이치가 있겠는가? 다만 정(情)과 망념을 따라 하고자 하면 바로 하기 때문에 미쳤다 한다. 위의 사구(四句)[66]는 업의 원인을 말한 것이며, 아래의 사구(四句)[67]는 과보를 말한 것이다.)

三弘正法利濟群生也。乃至爲法諸餘緣事通世出世也)。作無義事是狂亂心(謂凡所作爲若不緣上三般事。卽名無義也。是狂亂者。且如世間醉人狂人。所往不揀處所。所作不量是非。今旣不擇有何義利。但縱情妄念要爲卽爲。故如狂也。上四句述業因也。下四句述受果報云)。

---

66) 위의 사구(四句) : 위의 사구는 다음의 네 구절이다. 作有義事 是惺悟心 作無義事 是狂亂心(이치 있는 일을 행하는 것은 또렷이 깨달은 마음이요, 이치 없는 일을 하면 미친 마음이다.)
67) 아래의 사구(四句) : 아래의 사구는 다음의 네 구절이다. 狂亂隨情念 臨終被業牽 惺悟不由情 臨終能轉業(미쳐서 정념을 따르면 죽을 때 업에 끌려가고, 또렷하게 깨달아서 정념을 따르지 않으면 임종할 때 업을 굴리게 된다.)

"미쳐서 정념(情念)을 따르면 죽을 때 업에 끌려간다."

(이미 망념에 끌려서 하고자 하면 곧 하여서 진리를 깨달은 지혜로써 시비를 가리지 못하니 마치 미친 사람과 같다. 그래서 임종할 때에 업보의 길에서 업에 끌리어 오는 세상의 과보를 받는다. 그러므로 『열반경』에서 이르기를 '무명의 서방과 탐욕의 마왕이 몸과 마음 부리기를 종을 구박하듯 한다.'라고 하였다.)

"또렷하게 깨달아서 정념(情念)을 따르지 않으면 임종할 때 업을 굴리게 된다."

(정(情)으로 하고 싶은 생각이 있어도 이치를 살피어 응하지 말고 멈추어야 하고, 정으로 하고 싶은 생각이 없어도 비추어서 이치에 맞으면 바로 행하여야 한다. 다만 시비의 이치가 사랑과 미움의 감정에 의하지 않기만 하면 임종할 때에 업에 끌리지 않고 하늘과 인간에 마음대로 자재하게 된다.

狂亂隨情念臨終被業牽(既隨妄念欲作即作。不以悟理之智揀擇是非。猶如狂人。故臨終時於業道。被業所引受當來報。故涅槃經云。無明郞主貪愛魔王。役使身心策如僮僕)。惺悟不由情臨終能轉業(情中欲作而察理不應即須便止。情中不欲作而照理相應即須便作。但由是非之理。不由愛惡之情。即臨命終時業不能繫。隨意自在。天上人間也。

통틀어 말하면 아침 저녁에 하는 일이 망정의 티끌에 끌리면 임종할 때에 업에 끌리어 몸을 받게 되고, 하는 일이 깨달은 지혜에 의하여 망정을 따르지 않으면 임종할 때에 내 마음대로 자유롭게 몸을 받아 업에 끌리지 않으리라. 그러므로 임종하거나 몸을 받을 때에 자유로운지 부자유한지를 알고자 하면, 다만 심상의 행과 마음이 티끌 경계에 자재한지 자재하지 않은 지를 살피면 되는 것임을 알아야 한다.)

通而言之。但朝暮之間所作。被情塵所牽。即臨終被業所牽而受生。若所作所為由於覺智。不由情塵。即臨終由我自在而受生。不由業也。當知欲驗臨終受生自在不自在。但驗尋常行心於塵境自由不自由)。

토끼뿔

༄ 어떻게 해야 규봉의 선과 교를 나누지 않은 도리라 하겠는가?

(빤히 보면서)
잘못 전하지 말라.

༄ 어떤 것이 온조 상서의 이치 있는 일에 답한 이치를 행하는 것이겠는가?

임제가 밭에서 생매장을 행함이니라.

색 인 표

ㄱ

가경(제9세)(24권)
가관 선사(19권)
가나제바(2권)
가문 선사(16권)
가비마라(1권)
가선 선사(26권)
가섭불(1권)
가야사다(2권)
가지 선사(10권)
가홍 선사(26권)
가훈 선사(26권)
가휴 선사(19권)
가휴(제2세)(24권)
간 선사(22권)
감지 행자(10권)
감홍 선사(15권)
강 선사(21권)
거방 선사(4권)
거회 선사(16권)
건봉 화상(17권)
계학산 화상(19권)
견숙 선사(8권)
겸 선사(20권)
경 선사(23권)
경산 감종(10권)
경산 홍인(11권)
경상(관음원)(26권)
경상(숭복원)(26권)
경소 선사(26권)
경여(제2세)(24권)
경잠 초현(10권)
경조 현사(17권)
경조미 화상(11권)
경준 선사(25권)
경진 선사(26권)
경탈 화상(22권)
경탈 화상(29권)

경통 선사(12권)
경현 선사(26권)
경혜 선사(15권)
경혼 선사(16권)
계눌 선사(21권)
계달 선사(24권)
계번 선사(19권)
계여 암주(21권)
계유 선사(23권)
계조 선사(25권)
계종 선사(24권)
계침 선사(21권)
계허 선사(10권)
고 선사(12권)
고사 화상(8권)
고정 화상(10권)
고정간선사(16권)
고제 화상(9권)
곡산 화상(23권)
곡산장 선사(16권)
곡은 화상(15권)
공기 화상(9권)
곽산 화상(11권)
관계 지한 선사(12권)
관남 장로(30권)
관음 화상(22권)
관주 나한(24권)
광 선사(14권)
광과 선사(23권)
광달 선사(25권)
광덕(제1세)(20권)
광목 선사(12권)
광법 행흠(24권)
광보 선사(13권)
광산 화상(23권)
광오 선사(22권)
광오(제4세)(17권)
광용 선사(12권)

광우 선사(24권)
광원 화상(26권)
광인 선사(15권)
광인 선사(17권)
광일 선사(20권)
광일 선사(25권)
광제 화상(20권)
광징 선사(8권)
광혜진 선사(13권)
광화 선사(20권)
괴성 선사(26권)
교 화상(12권)
교연 선사(18권)
구 화상(24권)
구나함모니불(1권)
구류손불(1권)
구마라다(2권)
구봉 도건(16권)
구봉 자혜(11권)
구산 정원(10권)
구산 화상(21권)
구종산 화상(15권)
구지 화상(11권)
굴다삼장(5권)
귀 선사(22권)
귀본 선사(19권)
귀신 선사(23권)
귀인 선사(20권)
귀정 선사(13권)
귀종 지상 (7권)
규봉 종밀(13권)
근 선사(26권)
금륜 화상(22권)
금우 화상(8권)
기림 화상(10권)

ㄴ

나찬 화상(30권)

나한 화상(11권)
나한 화상(24권)
낙보 화상(30권)
남대 성(21권)
남대 화상(20권)
남악 남대(20권)
남악 회양(5권)
남원 화상(12권)
남원 화상(19권)
남전 보원(8권)
낭 선사(23권)
내 선사(22권)
녹 화상(21권)
녹수 화상(11권)
녹원 화상(13권)
녹원휘 선사(16권)
녹청 화상(15권)

ㄷ

다복 화상(11권)
단기 선사(23권)
단하 천연(14권)
달 화상(24권)
담공 화상(12권)
담권(제2세)(20권)
담명 화상(23권)
담장 선사(8권)
담조 선사(10권)
담최 선사(4권)
대각 선사(12권)
대각 화상(12권)
대동 선사(15권)
대랑 화상(23권)
대력 화상(24권)
대령 화상(17권)
대모 화상(10권)
대범 화상(20권)
대비 화상(12권)

색인표 189

색 인 표

대승산 화상(23권)
대안 선사(9권)
대양 화상(8권)
대육 선사(7권)
대의 선사(7권)
대전 화상(14권)
대주 혜해(6권)
대천 화상(14권)
덕겸 선사(23권)
덕부 스님(29권)
덕산 선감(15권)
덕산(제7세)(20권)
덕소 국사(25권)
덕해 선사(22권)
도 선사(21권)
도간(제2세)(20권)
도건 선사(23권)
도견 선사(26권)
도겸 선사(23권)
도광 선사(21권)
도단 선사(26권)
도림 선사(4권)
도명 선사(4권)
도명 선사(6권)
도부 선사(18권)
도부 대사(19권)
도상 선사(10권)
도상 선사(25권)
도수 선사(4권)
도신 대사(3권)
도연 선사(20권)
도오(관남)(11권)
도오(천황)(14권)
도원 선사(26권)
도유 선사(17권)
도은 선사(21권)
도은 선사(23권)
도융 선사(17권)

도자 선사(26권)
도잠 선사(25권)
도전 선사(17권)
도전(제12세)(24권)
도제(제11세)(26권)
도통 선사(6권)
도한 선사(17권)
도한 선사(22권)
도행 선사(6권)
도헌 선사(12권)
도흠 선사(25권)
도흠 선사(4권)
도흠(제2세)(24권)
도희 선사(21권)
도희 선사(22권)
동계 화상(20권)
동봉 암주(12권)
동산 양개(15권)
동산혜 화상(9권)
동선 화상(19권)
동안 화상(8권)
동안 화상(16권)
동정 화상(23권)
동천산 화상(20권)
동탑 화상(12권)
둔유 선사(17권)
득일 선사(21권)
등등 화상(30권)

ㄹ
라후라다(2권)

ㅁ
마나라(2권)
마명 대사(1권)
마조 도일(6권)
마하가섭(1권)
만 선사(22권)

만세 화상(9권)
만세 화상(12권)
명 선사(17권)
명 선사(22권)
명 선사(23권)
명교 선사(22권)
명달소안(제4세)(26)권
명법 대사(21권)
명변 대사(22권)
명식 대사(22권)
명오 대사(22권)
명원 선사(21권)
명진 대사(19권)
명진 선사(21권)
명철 선사(7권)
명철 선사(14권)
명혜 대사(24권)
명혜 선사(22권)
모 화상(17권)
자사진조(12권)
몽계 화상(8권)
몽필 화상(19권)
묘공 대사(21권)
묘과 대사(21권)
무등 선사(7권)
무료 선사(8권)
무업 선사(8권)
무염 대사(12권)
무원 화상(15권)
무은 선사(17권)
무일 선사(24권)
무주 선사(4권)
무휴 선사(20권)
문 화상(22권)
문수 선사(17권)
문수 선사(25권)
문수 화상(16권)
문수 화상(20권)

문습 선사(24권)
문언 선사(19권)
문의 선사(21권)
문익 선사(24권)
문흠 선사(22권)
문희 선사(12권)
미령 화상(12권)
미령 화상(8권)
미선사(제2세)(23권)
미차가(1권)
미창 화상(12권)
미창 화상(14권)
민덕 화상(12권)

ㅂ
바사사다(2권)
바수밀(1권)
바수반두(2권)
박암 화상(17권)
반산 화상(15권)
반야다라(2권)
방온 거사(8권)
배도 선사(30권)
배휴(12권)
백거이(10권)
백곡 화상(23권)
백령 화상(8권)
백수사화상(16권)
백운 화상(24권)
백운약 선사(15권)
범 선사(20권)
범 선사(23권)
법건 선사(26권)
법괴 선사(26권)
법단 대사(11권)
법달 선사(5권)
법등 태흠(30권)
법만 선사(13권)

색 인 표

법보 선사(22권)	복계 화상(8권)	사건 선사(17권)	서선 화상(10권)
법상 선사(7권)	복룡산(제1세)(17권)	사구 선사(26권)	서선 화상(20권)
법운 대사(22권)	복룡산(제2세)(17권)	사귀 선사(22권)	서암 화상(17권)
법운공(27권)	복룡산(제3세)(17권)	사내 선사(19권)	석가모니불(1권)
법응 선사(4권)	복림 선사(13권)	사눌 선사(21권)	석경 화상(23권)
법의 선사(20권)	복분 암주(12권)	사명 선사(12권)	석구 화상(8권)
법제 선사(23권)	복선 화상(26권)	사명 화상((15권)	석두 희천(14권)
법제(제2세)(26권)	복수 화상(13권)	사밀 선사(23권)	석루 화상(14권)
법지 선사(4권)	복타밀다(1권)	사보 선사(23권)	석림 화상(8권)
법진 선사(11권)	본계 화상(8권)	사선 화상(16권)	석상 경제(15권)
법해 선사(5권)	본동 화상(14권)	사야다(2권)	석상 대선 (8권)
법현 선사(24권)	본선 선사(26권)	사언 선사(17권)	석상 성공(9권)
법회 선사(6권)	본인 선사(17권)	사욱 선사(18권)	석상휘 선사(16권)
변륭 선사(26권)	본정 선사(5권)	사위 선사(20권)	석제 화상(11권)
변실(제2세)(26권)	봉 선사(11권)	사자 존자(2권)	석주 화상(16권)
보 선사(22권)	봉 화상(23권)	사정 상좌(21권)	선각 선사(8권)
보개산 화상(17권)	봉린 선사(20권)	사조 선사(10권)	선도 선사(20권)
보개약 선사(16권)	부강 화상(11권)	사지 선사(26권)	선도 화상(14권)
보광 혜심(24권)	부나야사(1권)	사진 선사(22권)	선미(제3세)(26권)
보광 화상(14권)	부배 화상(8권)	사해 선사(11권)	선본 선사(17권)
보리달마(3권)	부석 화상(11권)	사호 선사(26권)	선상 대사(22권)
보만 대사(17권)	불암휘 선사(12권)	삼상 화상(20권)	선소 선사(13권)
보명 대사(19권)	불여밀다(2권)	삼성 혜연(12권)	선소 선사(24권)
보문 대사(19권)	불오 화상(8권)	삼양 암주(12권)	선자 덕성(14권)
보봉 신당(17권)	불일 화상(20권)	상 선사(22권)	선장 선사(17권)
보봉 화상(15권)	불타 화상(14권)	상 화상(22권)	선정 선사(20권)
보수 화상 (12권)	불타난제(1권)	상각 선사(24권)	선천 화상(14권)
보수소 화상(12권)	붕언 대사(26권)	상관 선사(9권)	선최 선사 (12권)
보승 선사(24권)	비 선사(20권)	상나화수(1권)	선혜 대사(27권)
보안 선사(9권)	비구니 요연(11권)	상전 화상(26권)	설봉 의존(16권)
보운 선사(7권)	비마암 화상(10권)	상진 선사(23권)	성공 선사(14권)
보응 화상(12권)	비바시불(1권)	상찰 선사(17권)	성선사(제3세)(20권)
보적 선사(7권)	비사부불(1권)	상통 선사(11권)	성수엄 선사(17권)
보지 선사(27권)	비수 화상(8권)	상혜 선사(21권)	소 화상(22권)
보철 선사(7권)	비전복 화상(16권)	상홍 선사(7권)	소계 화상(30권)
보초 선사(24권)		서 선사(19권)	소명 선사(26권)
보화 화상(10권)	ㅅ	서륭 선사(25권)	소산 화상(30권)
보화 화상(24권)	사 선사(23권)	서목 화상(11권)	소수 선사(24권)

색 인 표

소암 선사(25권)
소요 화상(8권)
소원(제4세)(24권)
소자 선사(23권)
소종 선사(12권)
소진 대사(12권)
소현 선사(25권)
송산 화상(8권)
수 선사(24권)
수계 화상(8권)
수공 화상(14권)
수눌 선사(19권)
수눌 선사(26권)
수당 화상(8권)
수로 화상(8권)
수룡산 화상(21권)
수륙 화상(12권)
수빈 선사(21권)
수산 성념(13권)
수안 선사(24권)
수월 대사(21권)
수유산 화상(10권)
수인 선사(25권)
수진 선사(24권)
수청 선사(22권)
순지 대사(12권)
숭 선사(22권)
숭교 대사(23권)
숭산 화상(10권)
숭은 화상(16권)
숭진 화상(23권)
숭혜 선사(4권)
습득(27권)
승 화상(23권)
승가 화상(27권)
승가난제(2권)
승광 화상(11권)
승나 선사(3권)

승둔 선사(26권)
승밀 선사(15권)
승일 선사(16권)
승찬 대사(3권)
시기불(1권)
시리 선사(14권)
신건 선사(11권)
신당 선사(17권)
신라 청원(17권)
신록 선사(23권)
신수 선사(4권)
신안 국사(18권)
신장 선사(8권)
신찬 선사(9권)
실성 대사(22권)
심 선사(23권)
심철 선사(20권)
쌍계전도자(12권)

ㅇ

아난 존자(1권)
악록산 화상(22권)
안선사(제1세)(20권)
암 화상(20권)
암두 전활(16권)
암준 선사(15권)
앙산 혜적(11권)
애 선사(23권)
약산 유엄(14권)
약산(제7세)(23권)
약산고 사미(14권)
양 선사(6권)
양 좌주(8권)
양광 선사(25권)
양수 선사(9권)
언단 선사(22권)
언빈 선사(20권)
엄양 존자(11권)

여눌 선사(15권)
여만 선사(6권)
여민 선사(11권)
여보 선사(12권)
여신 선사(22권)
여체 선사(19권)
여회 선사(7권)
역촌 화상(12권)
연 선사(21권)
연관 선사(24권)
연교 대사(12권)
연규 선사(25권)
연덕 선사(26권)
연무 선사(17권)
연수 선사(26권)
연수 화상(23권)
연승 선사(26권)
연종 선사(19권)
연화(제2세)(23권)
연화상(제2세)(23권)
영 선사(19권)
영가 현각(5권)
영각 화상(20권)
영감 선사(26권)
영감 화상(23권)
영관사(12권)
영광 선사(24권)
영규 선사(15권)
영도 선사(5권)
영명 대사(18권)
영묵 선사(7권)
영서 화상(13권)
영숭(제1세)(23권)
영안(제5세)(26권)
영암 화상(23권)
영엄 선사(23권)
영운 지근(11권)
영준 선사(15권)

영초 선사(16권)
영태 화상(19권)
영평 선사(23권)
영함 선사(21권)
영훈 선사(10권)
오공 대사(23권)
오공 선사(24권)
오구 화상(8권)
오운 화상(30권)
오통 대사(23권)
온선사(제1세)(20권)
와관 화상(16권)
와룡 화상(17권)
와룡 화상(20권)
왕경초상시(11권)
요 화상(23권)
요각(제2세)(21권)
요공 대사(21권)
요산 화상(11권)
요종 대사(21권)
용 선사(20권)
용수 존자(1권)
용계 화상(20권)
용광 화상(20권)
용담 숭신(14권)
용산 화상(8권)
용아 거둔(17권)
용운대 선사(9권)
용준산 화상(17권)
용천 화상(23권)
용청 선사(26권)
용혈산 화상(23권)
용회 도심(30권)
용흥 화상(17권)
우녕 선사(26권)
우두미 선사(15권)
우바국다(1권)
우섬 선사(26권)

색 인 표

우안 선사(26권)
우연 선사(21권)
우연 선사(22권)
우진 선사(26권)
운개 지한(17권)
운개경 화상(17권)
운산 화상(12권)
운암 담성(14권)
운주 화상(20권)
운진 선사(23권)
원 선사(22권)
원 화상(23권)
원광 선사(23권)
원규 선사(4권)
원명 선사(11권)
원명(제3세)(23권)
원명(제9세)(22권)
원소 선사(26권)
원안 선사(16권)
원엄 선사(19권)
원제 선사(26권)
원조 대사(23권)
원지 선사(14권)
원지 선사(21권)
월륜 선사(16권)
월화 화상(24권)
위 선사(20권)
위국도 선사(9권)
위부 화엄(30권)
위산 영우(9권)
유 선사(24권)
유 화상(24권)
유건 선사(6권)
유경 선사(29권)
유계 화상(15권)
유관 선사(7권)
유연 선사(17권)
유원 화상(8권)

유장 선사(20권)
유정 선사(4권)
유정 선사(6권)
유정 선사(9권)
유칙 선사(4권)
육긍 대부(10권)
육통원소선사(17권)
윤 선사(22권)
윤 스님(29권)
은미 선사(23권)
은봉 선사(8권)
응천 화상(11권)
의능(제9세)(26권)
의륭 선사(26권)
의소 화상(23권)
의안 선사(14권)
의원 선사(26권)
의유(제13세)(26권)
의인 선사(23권)
의전 선사(26권)
의초 선사(12권)
의충 선사(22권)
의충 선사(14권)
이산 화상(8권)
이종 선사(10권)
인 선사(19권)
인 선사(22권)
인 화상(23권)
인검 선사(4권)
인종 화상(5권)
인혜 대사(18권)
일용 화상(11권)
일자 화상(10권)
임전 화상(19권)
임제 의현(12권)
임천 화상(22권)

ㅈ

자광 화상(23권)
자국 화상(16권)
자동 화상(11권)
자만 선사(6권)
자복 화상(22권)
자재 선사(7권)
자화 선사(22권)
장 선사(20권)
장 선사(23권)
장경 혜릉(18권)
장용 선사(22권)
장이 선사(10권)
장평산 화상(12권)
적조 선사(21권)
전긍 선사(26권)
전법 화상(23권)
전부 선사(12권)
전식 선사(4권)
전심 대사(21권)
전은 선사(24권)
전초 선사(20권)
정 선사(21권)
정과 선사(20권)
정수 대사(22권)
정수 선사(13권)
정오 대사(21권)
정오 선사(20권)
정원 화상(23권)
정조 혜동(26권)
정혜 선사(24권)
정혜 화상(21권)
제 선사(25권)
제다가(1권)
제봉 화상(8권)
제안 선사(7권)
제안 화상(10권)
조 선사(9권)
조 선사(22권)

조산 본적(17권)
조수(제2세)(24권)
조주 종심(10권)
존수 선사(16권)
종괴 선사(21권)
종귀 선사(22권)
종랑 선사(11권)
종범 선사(17권)
종선 선사(24권)
종성 선사(23권)
종습 선사(19권)
종실 선사(23권)
종의 선사(26권)
종일 선사(21권)
종일 선사(26권)
종전 선사(19권)
종정 선사(19권)
종지 선사(20권)
종철 선사(12권)
종현 선사(25권)
종혜 대사(23권)
종효 선사(21권)
종흔 선사(21권)
주 선사(24권)
주지 선사(21권)
준 선사(24권)
준고 선사(15권)
중도 화상(20권)
중만 선사(23권)
중개 화상(16권)
중흥 선사(15권)
증각 선사(23권)
증선사(제2세)(20권)
지 선사(4권)
지견 선사(6권)
지관 화상(12권)
지구 선사(22권)
지균 선사(25권)

색 인 표

지근 선사(26권)
지단 선사(22권)
지덕 대사(21권)
지도 선사(5권)
지류 선사(24권)
지묵(제2세)(22권)
지봉 대사(26권)
지봉 선사(4권)
지부 선사(18권)
지상 선사(5권)
지성 선사(5권)
지암 선사(4권)
지엄 선사(24권)
지옹(제3세)(24권)
지원 선사(16권)
지원 선사(17권)
지원 선사(21권)
지위 선사(4권)
지은 선사(24권)
지의 대사(25권)
지의 선사(27권)
지의 화상(12권)
지장 선사(7권)
지장 화상(24권)
지적 선사(22권)
지조(제3세)(23권)
지진 선사(9권)
지징 대사(26권)
지철 선사(5권)
지통 선사(10권)
지통 선사(5권)
지행(제2세)(23권)
지황 선사(5권)
지휘 선사(20권)
진 선사(20권)
진 선사(23권)
진 존숙(12권)
진각 대사(18권)

진각 대사(24권)
진감(제4세)(23권)
진랑 선사(14권)
진응 선사(13권)
진적 선사(21권)
진적 선사(23권)
진화상(제3세)(23권)
징 선사(22권)
징 화상(24권)
징개 선사(24권)
징원 선사(22권)
징정 선사(21권)
징조 대사(15권)

ㅊ

찰 선사(29권)
창선사(제3세)(20권)
책진 선사(25권)
처미 선사(9권)
처진 선사(20권)
천개유 선사(16권)
천룡 화상(10권)
천복 화상(15권)
천왕원 화상(20권)
천태 화상(17권)
청간 선사(12권)
청교 선사(23권)
청면(제2세)(23권)
청모 선사(24권)
청법 선사(21권)
청석 선사(25권)
청양 선사(13권)
청요 선사(23권)
청용 선사(25권)
청욱 선사(26권)
청원 화상(17권)
청원 행사(5권)

청좌산 화상(20권)
청진 선사(23권)
청품(제8세)(23권)
청해 선사(23권)
청해 선사(24권)
청호 선사(21권)
청환 선사(21권)
청활 선사(22권)
초 선사(20권)
초남 선사(12권)
초당 화상(8권)
초복 화상(15권)
초오 선사(19권)
초증 대사(18권)
초훈(제4세)(24권)
총인 선사(7권)
추산 화상(17권)
충언(제8세)(23권)
취미 무학(14권)
칙천 화상(8권)
침 선사(22권)

ㅌ

타지 화상(8권)
태원부 상좌(19권)
태흠 선사(25권)
통 선사(17권)
통 선사(19권)
통법 도성(26권)
통변 도홍(26권)
통화상(제2세)(24권)
투자 감온(15권)

ㅍ

파조타 화상(4권)
파초 화상(16권)
파초 화상(20권)

포대 화상(27권)
풍 선사(23권)
풍간 선사(27권)
풍덕사 화상(12권)
풍혈 연소(13권)
풍화 화상(20권)

ㅎ

하택 신회(5권)
학특나(2권)
학림 선사(4권)
한 선사(10권)
한산자(27권)
함계 선사(17권)
함광 선사(24권)
함택 선사(21권)
항마장 선사(4권)
해안 선사(16권)
해호 화상(16권)
행랑 선사(23권)
행명 대사(26권)
행수 선사(17권)
행숭 선사(22권)
행애 선사(23권)
행언 도사(25권)
행인 선사(23권)
행전 선사(20권)
행주 선사(19권)
행충(제1세)(23권)
향 거사(3권)
향성 화상(20권)
향엄 지한(11권)
향엄의단선사(10권)
헌 선사(20권)
현눌 선사(19권)
현량 선사(24권)
현밀 선사(23권)
현사 사비(18권)

색 인 표

현소 선사(4권)
현오 선사(20권)
현정 대사(4권)
현지 선사(24권)
현진 선사(10권)
현책 선사(5권)
현천언 선사(17권)
현천(제2세)(23권)
현칙 선사(25권)
현태 상좌(16권)
현통 선사(18권)
협 존자(1권)
협산 선회(15권)
혜 선사(20권)
혜 선사(22권)
혜 선사(23권)
혜가 대사(3권)
혜각 대사(21권)
혜각 선사(11권)
혜거 국사(25권)
혜거 선사(20권)
혜거 선사(26권)
혜공 선사(16권)
혜광 대사(23권)
혜능 대사(5권)
혜달 선사(26권)
혜랑 선사(14권)
혜랑 선사(21권)
혜랑 선사(26권)
혜렴 선사(22권)
혜륜 대사(22권)
혜만 선사(3권)
혜명 선사(25권)
혜방 선사(4권)
혜사 선사(27권)
혜성 선사(14권)
혜성(제14세)(26권)
혜안 국사(4권)

혜오 선사(21권)
혜원 선사(25권)
혜월법단(제3세)(26권)
혜일 대사(11권)
혜장 선사(6권)
혜제 선사(25권)
혜종 선사(17권)
혜철(제2세)(23권)
혜청 선사(12권)
혜초 선사(9권)
혜충 국사(5권)
혜충 선사(4권)
혜충 선사(23권)
혜하 대사(20권)
혜해 선사(20권)
호감 대사(22권)
호계 암주(12권)
홍구 선사(12권)
홍나 화상(8권)
홍변 선사(9권)
홍엄 선사(21권)
홍은 선사(6권)
홍인 대사(3권)
홍인 선사(22권)
홍장(제4세)(23권)
홍제 선사(23권)
홍진 선사(24권)
홍천 선사(16권)
홍통 선사(20권)
화룡 화상(23권)
화림 화상(14권)
화산 화상(17권)
화엄 화상(20권)
환보 선사(16권)
환중 선사(9권)
황룡(제2세)(26권)
황벽 희운(9권)
회기 대사(23권)

회악 선사(18권)
회악(제4세)(20권)
회우 선사(16권)
회운 선사(7권)
회운 선사(20권)
회정 선사(9권)
회주 선사(23권)
회초(제2세)(23권)
회충 선사(16권)
회통 선사(4권)
회해 선사(6권)
횡룡 화상(23권)
효료 선사(5권)
효영(제5세)(26권)
효오 대사(21권)
후 화상(22권)
후동산 화상(20권)
후초경 화상(22권)
휴정 선사(17권)
흑간 화상(8권)
흑수 화상(24권)
흑안 화상(8권)
흥고 선사(23권)
흥법 대사(18권)
흥평 화상(8권)
흥화 존장(12권)
희변 선사(26권)
희봉 선사(25권)
희원 선사(26권)

부록은 농선 대원 선사님의 인가 내력과 법어 그리고 대원 선사님께서 직접 작사하신 노래 가사를 실었다. 특히 요즘 선지식 없이 공부하는 이들을 위하여 수행의 길로부터 불보살님의 누림까지 닦아 증득할 수 있도록 '부록4'에 '가슴으로 부르는 불심의 노래' 가사를 담았으니 끝까지 정독하여 수행의 요긴한 지침이 되기를 바란다.

부 록

부록1 농선 대원 선사님 인가 내력 199

부록2 농선 대원 선사님 법어 207

부록3 21세기에 인류가 해야 할 일 249

부록4 가슴으로 부르는 불심의 노래 253

농선 대원 선사님 인가 내력

제 1 오도송

이 몸을 끄는 놈 이 무슨 물건인가?
골똘히 생각한 지 서너 해 되던 때에
쉬이하고 불어온 솔바람 한 소리에
홀연히 대장부의 큰 일을 마치었네

무엇이 하늘이고 무엇이 땅이런가
이 몸이 청정하여 이러-히 가없어라
안팎 중간 없는 데서 이러-히 응하니
취하고 버림이란 애당초 없다네

하루 온종일 시간이 다하도록
헤아리고 분별한 그 모든 생각들이
옛 부처 나기 전의 오묘한 소식임을
듣고서 의심 않고 믿을 이 누구인가!

此身運轉是何物
疑端汨沒三夏來
松頭吹風其一聲
忽然大事一時了

何謂靑天何謂地
當體淸淨無邊外
無內外中應如是
小分取捨全然無

一日於十有二時
悉皆思量之分別
古佛未生前消息
聞者卽信不疑誰

　　대원 선사님의 스승이신 불조정맥 제77조 조계종(曹溪宗) 전강(田岡) 대선사님께서 1962년 대구 동화사의 조실로 계실 당시 대원 선사님께서도 동화사에 함께 머무르고 계셨다.
　　하루는 전강 대선사님께서 대원 선사님의 3연으로 되어 있는 제1오

도송을 들어 깨달은 바는 분명하나 대개 오도송은 짧게 짓는다고 말씀
하셨다. 이에 대원 선사님께서는 제1오도송을 읊은 뒤, 도솔암을 떠나
김제들을 지나다가 석양의 해와 달을 보고 문득 읊었던 제2오도송을
일러드렸다.

　　제 2 오도송

　해는 서산 달은 동산 덩실하게 얹혀 있고
　김제의 평야에는 가을빛이 가득하네
　대천이란 이름자도 서지를 못하는데
　석양의 마을길엔 사람들 오고 가네

　日月兩嶺載同模
　金提平野滿秋色
　不立大千之名字
　夕陽道路人去來

제2오도송을 들으신 전강 대선사님께서는 이에 그치지 않고 그와 같
은 경지를 담은 게송을 이 자리에서 즉시 한 수 지어볼 수 있겠냐고 하
셨다. 대원 선사님께서는 곧바로 다음과 같이 읊으셨다.

　바위 위에는 솔바람이 있고
　산 아래에는 황조가 날도다

대천도 흔적조차 없는데
달밤에 원숭이가 어지러이 우는구나

岩上在松風
山下飛黃鳥
大千無痕迹
月夜亂猿啼

　전강 대선사님께서는 위 송의 앞의 두 구를 들으실 때만 해도 지그시 눈을 감고 계시다가 뒤의 두 구를 마저 채우자 문득 눈을 뜨고 기뻐하는 빛이 역력하셨다.
　그러나 전강 대선사님께서는 여기에서도 그치지 않고 다시 한 번 물으셨다.
　"대중들이 자네를 산으로 불러내어 그 중에 법성(향곡 스님 법제자인 진제 스님. 동화사 선방에 있을 당시에 '법성'이라 불렸고, 나중에 '법원'으로 개명하였다.)이 달마불식(達磨不識) 도리를 일러보라 했을 때 '드러났다'라고 답했다는데, 만약에 자네가 당시의 양무제였다면 '모르오'라고 이르고 있는 달마 대사에게 어떻게 했겠는가?"
　대원 선사님께서 답하셨다.
　"제가 양무제였다면 '성인이라 함도 서지 못하나 이러-히 짐의 덕화와 함께 어우러짐이 더욱 좋지 않겠습니까?' 하며 달마 대사의 손을 잡아 일으켰을 것입니다."
　전강 대선사님께서 탄복하며 말씀하셨다.
　"어느새 그 경지에 이르렀는가?"

"이르렀다곤들 어찌하며, 갖추었다곤들 어찌하며, 본래라곤들 어찌하리까? 오직 이러-할 뿐인데 말입니다."

대원 선사님께서 연이어 말씀하시자 전강 대선사님께서 이에 환희하시니 두 분이 어우러진 자리가 백아가 종자기를 만난 듯, 고수명창 어울리듯 화기애애하셨다.

달마불식 공안에 대한 위의 문답은 내력이 있는 것이다. 전강 대선사님께서 대원선사님을 부르시기 며칠 전에, 저녁 입선 시간 중에 노장님 몇 분만이 자리에 앉아있을 뿐 자리가 텅텅 비어 있었다고 한다.

대원 선사님께서 이상히 여기고 있던 중, 밖에서 한 젊은 수좌가 대원선사님을 불렀다. 그 수좌의 말이 스님들이 모두 윗산에 모여 기다리고 있으니 가자고 하기에 무슨 일인가 하고 따라가셨다.

그러자 그 자리에 있던 법성 스님이 보자마자 달마불식 법문을 들고 이르라고 하기에 지체없이 답하셨다.

"드러났다."

곁에 계시던 송암 스님께서 또 안수정등 법문을 들고 물으셨다.

"여기서 어떻게 살아나겠소?"

대뜸 큰소리로 이르셨다.

"안·수·정·등."

이에 좌우에 모인 스님들이 함구무언(緘口無言)인지라 대원 선사님께서는 먼저 그 자리를 떠나 내려와 버리셨다.

그 다음날 입승인 명허 스님께서 아침 공양이 끝난 자리에서 지난 밤 입선시간 중에 무단으로 자리를 비운 까닭을 묻는 대중 공사를 붙여산 중에서 있었던 일들이 낱낱이 드러나고 말았다. 그리하여 입선시간 중에 자리를 비운 스님들은 가사 장삼을 수하고 조실인 전강 대선사님께 참회의 절을 했던 일이 있었다.

전강 대선사님께서는 이때에 대원 선사님께서 달마불식 도리에 대해 일렀던 경지를 점검하셨던 것이다.

이런 철저한 검증의 자리가 있었던 다음 날, 전강 대선사님께서 부르시기에 대원 선사님께서 가보니 모든 것이 약조된 데에서 주지인 월산(月山) 스님께서 입회해 계셨으며 전강 대선사님께서는 곧바로 다음과 같이 전법게(傳法偈)를 전해주셨다.

전 법 게

부처와 조사도 일찍이 전한 것이 아니거늘
나 또한 어찌 받았다 하며 준다 할 것인가
이 법이 2천년대에 이르러서
널리 천하 사람을 제도하리라

佛祖未曾傳
我亦何受授
此法二千年
廣度天下人

덧붙여 이 일은 월산 스님이 증인이며 2000년까지 세 사람 모두 절대 다른 사람이 알게 하거나 눈에 띄게 하지 않아야 한다고 당부하셨다.

 만약 그러지 않을 시에는 대원 선사님께서 법을 펴 나가는데 장애가 있을 것이라고 예언하셨다. 또한 각별히 신변을 조심하라 하시고 월산 스님에게 명령해 대원선사님을 동화사의 포교당인 보현사에 내려가 교화에 힘쓰게 하셨다.

 대원 선사님께서 보현사로 떠나는 날, 전강 대선사님께서는 미리 적어두셨던 부송(付頌)을 주셨으니 다음과 같다.

　　　　부 송

 어상을 내리지 않고 이러-히 대한다 함이여
 뒷날 돌아이가 구멍 없는 피리를 불리니
 이로부터 불법이 천하에 가득하리라

 不下御床對如是
 後日石兒吹無孔
 自此佛法滿天下

 위의 게송에서 '어상을 내리지 않고 이러-히 대한다 함이여'라는 첫째 줄 역시 내력이 있는 구절이다.
 전에 대원 선사님께서 전강 대선사님을 군산 은적사에서 모시고 계실 당시 마당에서 홀연히 마주쳤을 때 다음과 같은 문답이 있었다.
 전강 대선사님께서 물으셨다.
 "공적(空寂)의 영지(靈知)를 이르게."

대원 선사님께서 대답하셨다.

"이러-히 스님과 대담(對談)합니다."

"영지의 공적을 이르게."

"스님과의 대담에 이러-합니다."

"어떤 것이 이러-히 대담하는 경지인가?"

"명왕(明王)은 어상(御床)을 내리지 않고 천하 일에 밝습니다."

위와 같은 문답 중에 대원 선사님께서 답하신 경지를 부송의 첫째 줄에 담으신 것이다.

전강 대선사님께서 대원선사님을 인가(印可)하신 과정을 볼 때 한 번, 두 번, 세 번을 확인하여 철저히 점검하신 명안종사의 안목에 탄복하지 않을 수 없으며 이에 끝까지 1초의 머뭇거림도 없이 명철하셨던 대원선사님께 찬탄하지 않을 수 없다.

그리하여 법열로 어우러진 두 분의 자리가 재현된 듯 함께 환희용약하지 않을 수 없다.

이제 전강 대선사님과 약속한 2천년대를 맞이하였으므로 여기에 전법게를 밝힌다.

이로써 경허, 만공, 전강 대선사님으로 내려온 근대 대선지식의 정법의 횃불이 이 시대에 이어져 전강 대선사님의 예언대로 불법이 천하에 가득할 것이다.

농선 대원 선사님 법어

  깨달음은 실증실수다. 그러나 지금의 불교가 잘못된 견해와 지식으로 불조의 가르침을 왜곡하고 견성성불 하고자 애쓰는 수행인들을 오히려 길을 잃고 헤매게 하고 있다.
  그래서 이 장에서는 대원 선사님의 혜안으로 제방에서 논의되는 불교의 핵심적인 대목을 밝혀, 불조의 근본 종지를 드러내고 불교가 나아가야 할 바를 보였다.
  깨달음의 정수를 담은 12게송은 실제 깨닫지 못하고 말로만 깨달음을 말하거나 혹은 깨달았다 해도 보림이 미진한 이들을 경계하게 하며 실증의 바탕에서 닦아 증득할 수 있도록 하였으니, 생사를 결단하고 본연한 참나를 회복하려는 이들에게 칠흑 같은 밤길에 등불과 같은 길잡이가 될 것이다.

화두실참

　제방의 선방 상황을 보면 목적지에 이르는 길을 몰라 노정길을 묻고 있는 격이다. 무자와 이뭐꼬 화두가 최고라 하면서도 실제 실참을 하지 못하고 있기 때문이다. '이 무엇인고?' 하면서 이 눈으로 보려 한다면 경계 위에서 찾는 것이어서 억만 겁을 두고 찾아도 찾을 수 없다. 그러므로 깨달아 일체종지를 이룬 스승의 분명한 안목의 지도가 없다면 화두를 들든, 관법을 행하든, 염불을 하든 깨달음을 기약한다는 것이 정말 어렵다 할 것이다.

오후보림

 설사 깨달음을 성취했다 해도 그것은 공부의 끝이 아니다. 오후보림을 통해 업을 다해야만 육신통을 자재할 수 있게 되는 것이다. 일상에 육신통을 자재하는 구경본분의 경지일 때 비로소 공부를 마쳤다 할 것이다.

개유불성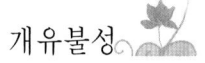

부처님께서 분명히 준동함령 개유불성(蠢動含靈 皆有佛性)이라고 하셨다. 이것은 모든 만물이 다 부처가 될 성품을 갖고 있다는 뜻이다. 불성이 하나라고 주장하는 목소리가 불교계에 드높으나 이것은 개유불성 즉, 낱낱이 제 불성은 제가 지니고 있다는 부처님의 말씀을 정면으로 어기는 말이다.

옛 선사님 말씀에 '천지(天地)가 여아동근(與我同根)이고 만물(万物)이 여아일체(與我一切)'라고 했다. '천지가 여아동근이다'라는 것은 하늘 땅이 나와 더불어 같은 뿌리라는 말이다.
 '나와 더불어'라고 했고 또한 한 뿌리가 아니라 같은 뿌리라고 했다. '더불 여(與)'자와 '같을 동(同)'자가 이미 하나라 할 수 없다는 것을 말해주고 있다. 즉 이 말은 하나와도 같다, 한결같이 똑같다는 말이다. 하나라면 '같을 동'자 뿐만 아니라 일이란 글자도 설 수 없다. 일은 이가 있을 때에야 비로소 설 수 있는 것이다.
 그러므로 '천지가 여아동근이다' 즉 하늘과 땅이 나와 더불어 같은 뿌리라는 것은 모든 것이 한결같이 가없는 성품 자체에서 비롯되었다는 말이다.
 또한 '만물이 여아일체이다' 즉 만물이 나와 더불어 한 몸이라는 말에서 일체란 하나의 몸을 말하는 것이 아니라 모든 불성이 가없는 성품 자체로 서로 상즉한 온통인 몸을 말하는 것이어서 만물이 나와 더불어 상즉한 자체를 말한 것이다.

공부를 많이 한 사람이 외도에 깊이 떨어지는 경우가 있다. 인가를 받지 못한 선지식들이 모두 체성을 보지 못한 이는 아니다. 가없는 성품 자체에 사무치고 보니 도저히 둘일 수가 없으므로 불성이 하나라고 한 것이다. 그러나 불성이 하나라고 하는 것은 바른 깨달음이 아니다. 그래서 인가를 받지 않으면 외도라 하는 것이다. 체성에 사무쳤다 해도 스승의 지도를 받아 일체종지를 이루지 못하면 이런 큰 허물을 짓는 것이다.

만약 불성이 하나라고 하는 이가 있으면 "아픈 것을 느끼는 것이 몸뚱이냐, 자성이냐?"라고 물어야 한다. 그러면 당연히 누구나 자성이라고 답할 것이다. 만약 몸뚱이가 아픔을 느끼는 것이라면 시체도 아픔을 느껴야 하기 때문이다. 이렇게 볼 때에 자성이 하나라면 누군가 아플 때 동시에 모두 아픔을 느껴야 할 것이다. 또한 한 사람이 생각을 일으킬 때 이를 모두 알아야 한다. 불성이 하나라면 마음도 하나여서 다른 마음이 있을 수 없기 때문이다.

돈오돈수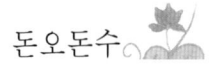

　제방에 돈오돈수(頓悟頓修)에 대한 여러 가지 서로 다른 주장으로 시비가 끊어지지 않고 있다. 이로 인해 수행자들이 견성하면 더 이상 닦을 것이 없다는 그릇된 견해에 집착하거나 의심을 일으킬까 염려하여 여기에 바른 돈오돈수의 이치를 밝히고자 한다.

　견성이 곧 돈오돈수라고 하는 분들이 많다.
　그러나 견성이 곧 구경지인 성불이라면 돈오면 그만이지 돈수란 말은 왜 해놓았겠는가?
　또한 오후보림(悟後保任)이라는 말은 무슨 말인가.

　금강경에는 네 가지 상(我相, 人相, 衆生相, 壽者相)만 여의면 곧 중생이 아니라는 말이 수없이 되풀이되고 있다.
　그런데 제구 일상무상분(第九 一相無相分)을 볼 때 다툼이 없는(곧 모든 상을 여읜) 삼매인(三昧人) 가운데 제일인 아라한도 구경지가 아니니 보살도를 닦아 등각을 거쳐야 구경성불인 묘각지에 이른다는 사실을 알 수 있다.
　또한, 제이십삼 정심행선분(第二十三 淨心行善分)을 보면 부처님께서 "아도 없고, 인도 없고, 중생도 없고, 수자도 없는 가운데 모든 선법(善法)을 닦아야 곧 아뇩다라삼먁삼보리를 얻는다."라고 말씀하시고 있으니 이것은 다름이 아니라 견성한 후에 견성을 한 지혜로써 항상 체성을 여의지 않고, 남은 업을 모두 닦아 본래 갖춘 지혜덕상을 원만하게 회복시켜야 구경성불할 수 있다는 말씀이다.

그렇다면 어째서 돈수일까?
'돈'이란 시공이 설 수 없는 찰나요, '수'란 시간과 공간 속에서 닦는 것이다.
단박에 마친다면 '돈'이면 그만이고, 견성 이전이든 이후든 닦음이 있다면 '수'라고만 할 것이지 어째서 돈과 수가 함께 할 수 있을까? 그야말로 물의 차고 더움은 그 물을 마셔본 자만이 알듯이 깨달은 사람만이 알 것이다.

사무쳐 깨닫고 보니 시공이 서지 않아 이러−히 닦아도 닦음이 없으니 네 가지 상이 없는 가운데 모든 선법을 닦는 것이요, 단박에 깨달으니 색공(色空)이 설 수 없어 이러−한 경지에서 닦음 없이 닦으니 네 가지 상이 없는 가운데 모든 선법을 닦는 것이다.
이와 같이 깨달아서 깨달은 바 없고, 닦아서는 닦은 바 없이 닦아, 남음이 없는 구경지인 성불에 이르는 과정을 돈오돈수라 한다.

견성하면 마음 이외의 다른 물건이 없는 경지인데 어떻게 닦음이 있을 수 있는가 하고 의심하는 분들이 많다. 그러나 견성했다 해도 헤아릴 수 없는 겁 동안에 길들여온 업으로 인하여 경계를 대하면 깨달아 사무친 바와 늘 일치하지는 못한다.

그래서 견성한 지혜로써 항상 체성을 여의지 않고 억겁에 익혀온 업을 제거하고 지혜 덕상을 원만하게 회복시켜야 구경성불할 수 있다.
　이것이 앞에서 밝혔듯 금강경에서 부처님께서 하신 말씀이요, 돈오돈수를 주창한 당사자인 육조 대사님께서 하신 말씀이다.

　육조단경 돈황본 이십칠 상대법편과 이십팔 참됨과 거짓을 보면 육조 대사님께서 당신의 설법언하에 대오하고도 슬하에서 3, 40년간 보림한 십대 제자들을 모아놓고 말씀하신다.
　"내가 떠난 뒤에 너희들은 각각 일방의 지도자가 될 것이다. 그러므로 내가 너희들에게 설법하는 것을 가르쳐서 근본종지를 잃지 않도록 해주리라. 나오고 들어감에 곧 양변을 여의도록 하라." 하시고 삼과(三科)의 법문과 삼십육대법(三十六對法)을 설하셨다.
　뿐만 아니라 2, 3개월 후 다시 십대 제자들을 모아놓고 "8월이 되면 세상을 떠나고자 하니 너희들은 의심이 있거든 빨리 물어라. 내가 떠난 뒤에는 너희들을 가르쳐 줄 사람이 없다." 하시며 진가동정게(眞假動靜偈)를 설하시고 외워 가져 수행하여 종지를 잃지 않도록 하라고 거듭 당부를 하시고 있다.
　이것을 보아서도 이 사람이 말한 돈오돈수와 육조 대사께서 말씀하신 돈오돈수가 같다는 것을 알 수 있을 것이다.

　다시 한 번 밝히자면 돈오란 자신의 체성을 단박에 깨닫는 것이요, 돈수란 깨달은 체성의 지혜로써 닦음 없이 닦는 것으로 이것이 곧 오후 보림이며, 수행자들이 퇴전하지 않고 구경성불할 수 있는 바른 수행의 길이다.

다음은 전등록 제 9권에서 추출한 것이다.

"돈오(頓悟)한 사람도 닦아야 합니까?"

"만일 참되게 깨달아 근본을 얻으면 그대가 스스로 알게 될 것이니 닦는다, 닦지 않는다 하는 것은 두 가지의 말일 뿐이다. 처음으로 발심한 사람들이 비록 인연에 따라 한 생각에 본래의 이치를 단박에 깨달았으나 아직도 비롯함이 없는 여러 겁의 습기(習氣)는 단박에 없어지지 않으므로, 그것을 깨끗이 하기 위하여 현재의 업과 의식의 흐름을 차츰차츰 없애야 하나니 이것이 닦는 것이다. 그것에 따로이 수행하게 하는 법이 있다고 말하지 마라.

들음으로 진리에 들고, 진리를 듣고 묘함이 깊어지면 마음이 스스로 두렷이 밝아져서 미혹한 경지에 머무르지 않으리라. 비록 백천 가지 묘한 이치로써 당대를 휩쓴다 하여도 이는 자리에 앉아서 옷을 입었다가 다시 벗는 것으로써 살림을 삼는 것이니, 요약해서 말하면 실제 진리의 바탕에는 한 티끌도 받아들이지 않지만 만행을 닦는 부문에서는 한 법도 버리지 않느니라. 만일 깨달았다는 생각마저 단번에 자르면 범부니 성인이니 하는 생각이 다하여, 참되고 항상한 본체가 드러나 진리와 현실이 둘이 아니어서 여여한 부처이니라."

"무엇이 돈오(頓悟)이며, 무엇을 점수(漸修)라 합니까?"

"자기의 성품이 부처와 똑같다는 것은 단박에 깨달았으나 비롯함이 없는 옛적부터의 습관은 단박에 제거할 수 없으므로 차츰 물리쳐서 성품에 따라 작용을 일으켜야 하니, 마치 사람이 밥을 먹을 때에 첫술에 배가 부르지 않는 것과 같다."

간화선인가 묵조선인가

 나에게 "당신의 지도는 간화입니까, 묵조입니까?"라고 묻는 이들이 있다. 나의 지도법에는 애당초부터 간화니 묵조니 하는 것이 없다. 가없는 성품 자체로 일상을 지어가라는 말이 바로 그것을 대변해주고 있다. 묵조선과 간화선이 나뉜 것은 육조 대사 이후여서 육조 대사 당시까지만 해도 묵조선이니, 간화선이니 하여 나누지 않았다. 나는 육조 대사 당시의 법을 그대로 펴고 있는 것이다.

 묵조선과 간화선은 원래 종파가 아니다. 지도받는 이의 근기에 따라 지도한 방편일 뿐이다. 들뜬 생각과 분별망상에서 이끌어내기 위한 방편으로 지도한 것이 묵조선이다. 그렇게 이끌어서 깨달아 사무치면 깨달아 사무친 경지가 일상이 되게끔 다시 이끌어 주어야 하는 것이다.
 달마 대사를 묵조선이라고 하는데 중국에 오기 전 달마 대사가 육파외도(六派外道)를 조복시키는 대목을 보면 달마 대사가 묵조선이 아니라는 것이 역력히 드러난다.
 다만 황제가 법문을 할 정도였던 그 시대의 교리 위주의 이론불교를 근본불교에 이르게 하기 위한 방편으로 "밖으로 반연하여 일으키는 모든 생각을 쉬고 안으로 구하는 마음마저 쉬어라."라고 가르친 것이다. 간화선도 마찬가지여서 화두라는 용광로에 일체 분별망상을 녹여 없앰으로써 밖으로 반연하여 일으키는 모든 생각을 쉬고, 안으로 구하는 마음마저 쉬게 하여 깨닫게끔 한 것이다.

즉 화두를 들어도 이런 경지에 이르러야 깨달을 수 있는 것이다. 오롯이 끊어지지 않게 화두를 들어서 오직 이러한 경지에 이르러 있다가 어떤 경계에 문득 부딪힘으로써 깨닫게 된다. 결국에는 화두인 모든 공안도리 역시 사무쳐 깨닫게 하기 위한 방편이다.

그러므로 수기설법(隨機說法)하고 응병여약(應病與藥)해야 한다. 나 역시 제자가 이러한 경지에 사무쳐 깨닫게끔 하지만, 이미 사무친 연후에는 가없는 성품 자체에 머물러 있으려고만 하지 말고, 그 경지에서 응하여 모자람 없도록 지어나가야 한다고 지도한다.

묵조나 일행삼매(一行三昧), 어느 쪽도 모든 이에게 정해 놓고 일정하게 주어서는 바른 지도가 될 수 없는 것이다. 내가 앉아서 선화할 때에는 오직 심외무물의 경지만 오롯하게끔 지으라고 지도하는 것은 어떻게 보면 묵조선이다. 그것이 가장 빨리 업을 녹이는 방법이기 때문에 그렇게 지도하는 것이다.

그러나 활동할 때는 가없는 성품 자체로 일상을 지어 가라고 지도했으니 이것은 곧 일행삼매에 이르도록 지도한 것이다. 안팎 없는 경지를 여의지 않는 것이 삼매이니, 일상생활 속에서 여의지 않는 가운데 보고 듣고, 보고 듣되 여의지 않는 그것이 일행삼매이다.

그렇다면 나는 한 사람에게 묵조선과 일행삼매를 다 가르치고 있는 것이 된다. 묵조선이라고 했지만 앉아서는 생사해탈을 위한 멸진정을 익히도록 하고, 그 외에는 다 일행삼매를 짓도록 지도하고 있는 것이어서 한편으로 멸진정을 익히는 가운데 조사선을 짓고 있는 것이다.

어떠한 약도 쓰이는 곳에 따라 좋은 약이 되기도 하고 사약이 되기도 한다. 스승이 진정 자유자재해서 제자가 머물러 있는 부분을 틔워주는 지도를 할 때 그것이 약이 되는 것이다.
 그러므로 '나는 간화선만을 가르친다.' 그렇게 지도해서는 안 된다. 부처님께서도 수기설법하라 하셨다. 병을 치료해 주는 것이 약이듯 그 기틀에 맞게끔 설해 주는 것이 참 법이다.
 무유정법(無有定法)이라 하지 않았는가. 그 사람의 바탕과 익힌 업력과 현재의 경지 등 모든 것을 참작해서 거기에 알맞게 베풀어 주어야 한다.
 부처님의 경을 마가 설하면 마설이 되고, 마경을 부처님께서 설하시면 진리의 경전이 된다는 것도 바로 이런 데에서 하신 말씀이다.

어느 한 종에만 편승하면 안 된다. 우리는 이 속에 오종칠가(五宗七家)의 법을 다 수용해야 된다. 어느 한 법도 버릴 수 없다. 모든 근기에 알맞도록 설해 주고 이끌어 줄 수 있어야 하기 때문이다.
 그래서 다만 응하여 모자람이 없이 병에 의하여 약을 줄 뿐, 정해진 법이 없어서 어느 한 법도 따로 취함이 없어야 하는 것이다.

육조 대사께 행창이 찾아와 부처님 열반경 중에서 유상(有常)과 무상(無常)을 가지고 물었을 때 행창이 무상이라 하면 육조 대사는 유상이라 하고, 행창이 유상이라 하면 육조 대사는 무상이라 했다. 왜냐하면 원래부터 무상이니 유상이니가 있을 수 없어서, 부처님께서는 다만 유상이라는 집착을 벗어나게 하기 위해 무상을 말씀하시고, 무상이라는 집착을 벗어나게 하기 위해 유상을 말씀하셨을 뿐이거늘, 행창은 열반경의 이 말씀에 묶여 있었기 때문이다.

육조 대사가 이러한 이치에 대해서 설하자 행창이 곧 깨닫고 오도송을 지어 바쳤다.

이렇게 수기설법할 때 불법이다. 수기설법하지 못하면 임제종보다 더한 것이라 해도 불법일 수 없다.

각각 사람의 근기가 다른데 어떻게 천편일률적인 방법으로 똑같이 교화할 수 있겠는가.

불교 종단은 깨달은 분에 의해 운영되어야 한다

불교 정상의 지도자는 깨달아 일체종지를 이룬 분으로서, 어떤 이보다도 그 통달한 지혜와 덕과 복을 갖춤이 뛰어나고, 멀리 앞을 내다보는 안목을 지니고 있어야 한다. 그리고 불교 종단은 그분의 말이 법이 되어야 하고, 그분의 지시에 의해 운영되어야 한다.

당연하게 여겨져야 할 이 일이 새삼스러운 일로 여겨지는 것이야말로 크게 개탄해야 될 오늘날 불교계의 현실이다. 왜냐하면 이 일이 새삼스러워진 것만큼 부처님 당시의 법에서 그만큼 멀어졌다는 것을 의미하기 때문이다.

석가모니 부처님 생전에는 부처님 말씀 그대로가 법이었다. 그리고 부처님은 깨달음을 제1의 법으로 두셨다. 그렇기 때문에 부처님의 모든 법문을 가장 많이 알고 있는 다문제일 아난존자가 깨닫지 못했다는 이유로 부처님 열반 후, 제1차 경전 결집에 참여할 수 없었던 것이다.

이변인 법에 있어서 뿐만 아니라 사변인 승단의 행정에 있어서도 마찬가지였다. 계율을 정하고, 대중을 통솔하고, 승단을 운영하는 일까지 부처님께서 직접 지시하셨다.

모든 제자들은 부처님의 말씀을 따라 그 지시대로 한 마음, 한 뜻으로 부처님의 손발이 되었을 뿐이다. 부처님의 지시야말로 과거, 현재,

미래를 내다보는 안목의 가장 이상적인 행정이었기 때문이다.

우리나라 역시 근대에만 해도 깨달아 법력을 지닌 분이 종정을 지내셨을 때에는 그분의 말씀이 법이었고, 인가 받은 분들이 종회에 계실 때에는 그분들의 말씀을 받들어 종단의 행정이 운영되었다.

하동산 선사나 금오 선사, 효봉 선사 같은 분들이 종정이셨던 1950~60년대까지도 그러하였으니, 종정이 종단 전체의 주요 안건을 결정하는 결정권을 가지고 있었다.

종회 역시 혜암 스님, 금오 스님, 춘성 스님, 청담 스님 등 만공 선사 회상에서 인가 받은 분들이 종회에 계실 때에는 그분들의 뜻에 의거하여 종회 의원들이 승단의 일을 처리하였다.

그러므로 현재에 있어서도 만약 종회에 의해 종단이 운영되어야 한다면, 종회는 깨달아 보림한 분으로 구성되어야 한다. 그러한 종회라면 금상첨화여서 가장 훌륭한 불교 종단 운영이 될 것이다. 그러나 그것이 어려워서 깨달아 보림해서 일체종지를 통달한 분이 종정 한 분이라면, 그 한 분에 의해 모든 통솔이 이루어져야 한다. 만약 깨닫지 못한 분으로 이루어진 종회나 총무원에 의해 종단이 운영된다면, 십중팔구 그것은 진리가 아닌 세속적인 판단으로 흘러가기 때문이다.

이것은 불교 종단뿐만 아니라 한 절에 있어서도 마찬가지이다. 법이 가장 뛰어난 분으로 그 절의 운영이 이루어져야 바른 운영이 이루어진다. 그래서 선을 꽃피웠던 중국에서도 56조 석옥 청공 선사에 이르기까지 대대로 공부가 가장 많이 된 분인 조실이 주지를 겸하여 절 일을 보셨다.

조실과 주지가 다른 분이 아니었으니, 이판과 사판이 나뉘어지지 않앉다.
 이판을 운용하는 것이 사판이기 때문에, 이판과 사판은 본래 나뉠 수 없는 것이다. 이판에 있어서 깨달은 분이어야 하는 것처럼, 사변을 운용하고 다스리는 사판에 있어서도 다를 수 없다고 본다.
 일체유심조, 마음이 세계를 빚어내듯 모든 이치를 운용하는 지혜가 있어야 사변에 있어서도 자유자재의 운영이 가능하기 때문이다.

 일체 모든 진리를 설한 경전과 일체 모든 실천규범을 정한 율로 이사일치의 수행을 현실화했던 석가모니 부처님, 무위도식하거나 말로만 떠드는 수행을 경계하여 '일일부작이면 일일불식하라'는 승가의 규율을 통해 일상 그대로인 선을 꽃피우고자 했던 백장 선사, 생생히 살아 숨쉬는 불법의 역사 어디에도 이판과 사판이 나뉘었던 적은 없었다.

 불법은 이름 그대로 부처님의 법이다.
 부처님 당시의 법이 오늘에 되살려져, 항상한 이치가 응하여 모자람 없는 다양한 방편으로 변주되어, 만인의 삶이 불법의 가피와 축복 속에 꽃피고 열매 맺을 수 있도록, 불교 종단의 운영은 반드시 깨달아 일체종지를 통달한 분에 의해 이루어져야 한다고 본다.

조계종을 육조정맥종이라고 이름한 이유

불법이 석가모니 부처님으로부터 28대 달마 대사에 이르러 동토에 전해지고 다시 33조인 육조 대사에 의해 가장 활발하고 왕성한 황금시대를 이루었다. 그래서 우리나라의 정통 불교 종단에 조계종이라는 이름이 붙여진 것이다. 육조 대사께서 생전에 조계산에 주하셨고, 대부분의 선사들의 호로 계신 곳의 지명이나 산 이름으로 쓰였기 때문이다.

그러므로 조계종의 조계란 육조 대사를 의미하고, 조계종이란 결국 육조 대사의 법을 의미하며 조계종단은 육조 대사의 법을 받아 이어가는 종단이다.

그러나 조계는 육조 대사께서 정식으로 스승에게 받은 호가 아니다. 호는 당호라고도 하는데, 대부분 스승이 제자를 인가하며 주는 것이다. 종사와 법을 거량하여 종사로부터 인가를 받고 입실건당의 전법식을 할 때에 당호와 가사, 장삼, 전법게 등을 받는다. 이때, 위에서 말하였듯 주로 그가 살고 있는 절 이름, 또는 지명, 그가 거처하던 집 등의 이름을 취하여 호로 삼는 경우가 많다. 그런데 육조 대사께서 조계산에 주하시기는 하였으나 스승인 오조 홍인 대사는 육조 대사에게 조계라는 호를 내린 적이 없다. 또 육조 대사 역시 생전에 조계라는 호를 쓴 적이 없다.

  대부분의 사전에 육조 대사를 조계 대사라고도 한다고 되어 있는데, 이것은 후대인들이 지어 부른 것이다. 만약 '조계'를 육조 대사를 지칭하는 공식적인 명칭으로 쓴다면 이것은 후대인들이 선대의 대선사의 호를 지어 부르는 격이 되니 참으로 예에 맞지 않다고 할 것이다.

  이러한 이유에서 조계종이라는 이름이 불교종단의 정식이름으로 적합하지 않다고 보았고, 또한 육조 대사의 법을 이어받아 바르게 펴는 곳이라는 의미를 담기에 가장 적당하여 육조정맥종이라 이름하였을 뿐, 수덕사 문중 전강 선사님의 인가를 받아 석가모니 부처님으로부터 근대의 대선지식인 경허, 만공, 전강 선사로 이어진 법맥을 이은 이로서 따로이 새로운 종단을 설립한 것이 아니다. 그렇기에 출가함에 있어서 불필요한 논쟁의 소지를 없애기 위해 육조정맥종이라고 이름한 이유와 스스로 한 번도 결제, 해제, 연두법어를 내리지 않았던 까닭이 따로 새로운 종단을 설립한 것이 아니었기 때문이라는 것을 밝히는 바이다.

물 찾은 물고기

물속의 물고기가 물을 찾았을 때 물을 찾기 전과 다르다면 그것은 물 찾은 물고기가 아니다. 물을 찾기 전과 털끝만큼도 다름이 없어야 비로소 물 찾은 물고기라 할 것이다.

사무친 후에 참으로 변한 것이 털끝만큼도 없어야 바로 사무친 것이다. 다만 사무치기 전에는 가없는 자체가 나임을 모르고 그 몸뚱이를 나로 여기고 있었고, 사무친 후에는 가없는 자체가 나임을 깨달았을 뿐 달라진 것이 있을 수 없다.

불법은

불법은 첫째도, 둘째도, 셋째도 상(相) 없음을 근본으로 한다. 또한, 밖에서 자유와 행복을 구하는 것이 아니라 본래 지닌 스스로의 지혜, 능력을 발현하여 영원한 행복을 누리자는 것이다.

꿈

꿈도 꿈꿀 능력이 있어서 꿈꾸는 것이다. 꿈이 꿈인 줄 알면 환이 아닌 자성의 능력이라. 그래서 그대로가 화장세계이다.

공부를 힘있게 짓는다는 것

　공부를 힘있게 짓는다는 것은 무언가 단단히 쥐고 짓는 것이 아니라 가장 편안한 데서 다 내려놓고 다만 끊어지지 않게끔 유지시키는 것이다. 그것이 가장 힘있고 가장 올바르게 짓는 것이다. 그렇게 지어갈 때 모든 이치가 다 밝아지고 그 안에서 모든 일이 다 이루어진다.

남의 종이 되라

나는 항상 제자들에게 가르치기를, 남의 종이 되겠다는 마음으로 살라고 한다. 남의 종이 되겠다고 마음 먹는 순간 안팎의 모든 마(魔)는 저절로 소멸된다. 아상이 없다면 사상(四相)이 있을 수 없고 사상 없는 가운데 남의 종이 되겠다는 하심과 자비심이면 어디에도 걸림이나 막힘이 없어 응하여 모자람이 없을 것이다.

신심

　간절한 신심은 법을 바르게 아는 데에서 저절로 이루어진다. 깨달아 사무친 경지에 대한 확신은 최고의 신심이다. 나 자체가 그 신(信)이요, 신 자체가 바로 나 자체여서 신심명의 마지막 구절처럼 둘 아닌 신심으로 충만할 때 발심 역시 둘 아닌 가운데 한결같을 것이다.
　이러한 신심과 발심은 성불지까지 이르게 하는 가장 큰 힘, 추진력이다. 깨닫지 못한 분에게 있어서는 불법에 대한 신심, 불보살님에 대한 신심, 선지식에 대한 신심, 불도를 닦는 일과 수행자들에 대한 신심이 깨달음에 이르는 힘이 된다 할 것이다.

오분향례

예불문 중 계향·정향·혜향·해탈향·해탈지견향을 오분향이라고 한다. 이 오분향을 공양하고 예를 올리는 것을 오분향례(五分香禮)라 부른다.

계향(戒香)은 마음에 그릇됨이 없는 것이다.
어떤 것이 마음에 그릇됨이 없는 것인가?
본성품을 여의지 않는 것이
곧 마음에 그릇됨이 없는 것이다.

정향(定香)은 본성품을 여의지 않아
경계에 흔들림이 없는 것이다.

혜향(慧香)은 계와 정을 갖추어서
어리석지 않은 것이다.

해탈향(解脫香)은 계와 정을 갖추어
어리석지 않아서
이러-히 모든 속박에서 벗어난 것이다.

해탈지견향(解脫知見香)은 본래 이러-해서
속박에서 벗어났다는 생각조차 없이
영위하는 것이다.

그러할 때 광명운대, 즉 온통 나 하나인 데에서 성성하고 활달한 그 자체여서 주변법계 이 광명이 삼천대천세계에 가득한 것이다

이러-한 마음으로 삼세 모든 불보살을 공경하는 마음으로 예를 할 때 참다운 예불이 되고 삼천대천세계의 모든 부처님께 공양이 된다.

상즉

모든 불성이 근본에 있어서 하나인 양 나뉨이 없는 것을 상즉이라 한다.

안팎이 없는 체성에 사무친 사람 가운데 어떻게 가없는 이 가운데에서 내 불성, 네 불성이 있느냐고 하는 이가 있다. 이 선실에 수없는 연등불이 켜져 있는데 방 안에서 각각의 불빛을 가려낼 수는 없다. 그러나 한 등 끄면 끈 만큼, 켜면 켠 만큼 어두워지고 밝아진다. 이것이 각각의 등불빛을 가려낼 수는 없으나 제구실은 제각기 하고 있다는 증거이다. 이 방의 여러분들도 이와 같이 각각 심외무물의 경지에 사무쳐 변만해 있으나 서로간에 걸리고 장애됨이 없는 가운데 상즉해 있다.

우리의 불성은 등불과도 또 다르다. 등은 매달린 자리라도 따로 있지만 체성은 있는 자리도 따로 없이, 각각 제구실을 제각기 하되 서로 걸림 없이 자유자재하다. 이것을 일러 불가사의한 묘유(妙有)의 세계라 하는 것이다. 여러분이 이 법문을 들으면서 수용하고 생각하는 것이 각각 서로 다른 가운데, 모두 안팎 없는 경지에 사무쳐 있지 않은가. 또한 그 가운데 걸림이 없지 않은가.

마음으로 살기 운동

인류 모두에게 당면한 일을
마음이 내가 된 삶으로 극복합시다
온 누리의 영장인 인류여
마음이 나인 삶을 살아야만이
그 어떤 극한의 재난 속에서도
영원한 삶 속에 참된 행복을 누릴 수가 있습니다
인류여, 마음이 나인 삶으로 전환해야만 합니다
우리 모두 마음이 내가 된 삶을 삽시다
'마음으로 살기 운동'을 전개합시다

자경(自警)

 자경이란 마음이나 행동을 스스로 경계하여 주의하는 것이다.
 최고의 스승은 자기 자신에게 있다. 자경이야말로 최고의 스승이 아닐 수 없다. '과연 이 순간에 생사의 기로에 놓인다면 스스로 호흡을 거두기를 뜻대로 자재할 수 있는가' 언제나 이렇게 비추어본다면, 깨달은 이라 해도 생사대사의 일을 마치는 날까지 머무를 수 없을 것이다.

보살행

 자리이타의 보살행은 특별한 분만이 할 수 있는 것이 아니다. 수행자라면 누구나 자기 분상에서 한 걸음 더 나아가 베푸는 보살행이 있어야 한다. 이것이 부처님께서 말씀하시는 대승, 최상승의 길이다. 한시도 머물지 말고 항상 움직여 써서 만인과 만물을 이롭게 하라.

희비송(喜悲頌)

이름도 없고 상도 없는 일 없는 사람이
태평의 노래를 흥에 취해 불렀더니
때도 없고 끝도 없는 구제의 일이
대천세계에 충만히 펼쳐졌네

無名無相無事人
太平之歌唱興醉
無時無端救濟事
大千世界布充滿

정신송(正信頌)

이름도 없고 상도 없는 이 바탕인 몸이여
이 바탕을 깨달은 믿음이라야 이 바른 믿음이라
이와 같은 믿음이 없이는 마음이 나라 말라
눈 광명이 땅에 떨어질 때 한이 만단이나 되리라

無名無相是地體
悟地之信是正信
若無是信莫心我
眼光落地恨萬端

진심송(眞心頌)

이름도 없고 상도 없는 이 진공이여
공이라는 공은 공이라 함마저도 없는 이 참 바탕이라
이와 같은 바탕이라야 이 공인 몸이니
이와 같은 몸이 아니면 참다운 마음이 아니니라

無名無相是眞空
空空無空是眞地
如是之地是空體
如是非體非眞心

업신송(業身頌)

업의 몸이란 것은 고통의 근본이요
업의 마음이란 것은 환란의 근본이니라
업의 행이란 것은 다툼의 근본이요
업의 일이란 것은 허망의 근본이니라

業身乃苦痛之本
業心乃患亂之本
業行乃鬪爭之本
業事乃虛妄之本

보림송(保任頌) 1

업의 몸을 다스리는 데는 계행이 최상이요
업의 마음을 다스리는 데는 인내가 최상이니라
계행과 인내로 잘 다스리면 보림이 순조롭고
보림이 잘 이루어지면 구경에 이르느니라

治業身之戒最上
治業心之忍最上
善治戒忍順保任
善成保任至究竟

보림송(保任頌) 2

육신의 욕망은 하나까지라도 모두 버려야 하고
육신을 향한 생각은 남음이 없이 버려야 하느니라
이와 같이 보림하면 업이 중한 사람일지라도
당생에 반드시 구경지를 성취하리라

肉身欲望捨都一
肉身向思捨無餘
如是保任重業人
當生必成究竟地

공성본질송(空性本質頌) 1

무극인 빈 성품의 본래 몸은
언어나 마음과 행위로 표현 못 하나
모든 부처님과 만물이 이로 좇아 생겼으며
궁극에 일체가 돌아가 의지할 곳이니라

無極空性之本體
言語道斷滅心行
諸佛萬物從此生
窮極一切歸依處

공성본질송(空性本質頌) 2

혼연한 빈 바탕을 이름해서 무아라 하고
무아의 다른 이름이 이 무극이니라
유정 무정이 이로 좇아 생겼으며
궁극에 일체가 돌아가 의지할 곳이니라

渾然空地名無我
無我異名是無極
有情無情從此生
窮極一切歸依處

공성본질송(空性本質頌) 3

이러-히 밝게 사무친 것을 이름해서 견성이라 하고
이 바탕에 밝게 사무쳐야 바르게 깨달은 사람이니
도를 닦는 사람은 반드시 명심해서
각자 관조하여 그릇 깨달음이 없어야 하느니라

如是明徹名見性
是地明徹正悟人
修道之人必銘心
各者觀照無非悟

명정오송(明正悟頌)

밝지도 어둡지도 않은 곳을 향해서
그윽한 본래의 바탕에 합하여야
이것을 진실한 깨달음이라 하는 것이니
그렇지 않다면 바른 깨달음이 아니니라

向不明暗處
冥合本來地
此是眞實悟
不然非正悟

무아송(無我頌)

중생들이 말하는 무아라는 것은
변하고 달라지는 나를 말하는 것이요
깨달은 사람의 무아는
변하지 않는 나를 말하는 것이다

衆生之無我
變異之言我
悟人之無我
不變之言我

태시송(太始頌)

탐착한 묘한 광명에 합한 것이 상을 이루었고
상에 집착하여 사는데서 익힌 것이 모든 업을 이루었다
업을 인해서 만반상이 생겨 나왔으며
만상으로 해서 만반법이 생겨 나왔다

貪着妙光合成相
執相生習成諸業
因業生出萬般象
萬象生出萬般法

21세기에 인류가 해야 할 일

　이 사람은 1962년 26세 때부터 21세기에 인류에게 닥칠 공해문제, 에너지문제를 예견하고 대체에너지(무한원동기, 태양력, 파력, 풍력 등) 개발과 '울 안의 농법'을 연구하고 그 필요성을 많은 이들에게 이야기해 왔습니다.
　당시에는 너무 시대를 앞서가는 이야기여서인지 일반인들이 수용하지 못하고 오히려 불신의 눈으로 바라보며 이 사람의 법마저 의심하였습니다. 하지만 현대에 있어서는 이것이 인류가 해결해야 할 가장 절박한 사안이 되어 있습니다.
　'사막화방지 국제연대'를 설립한 것도 현재 인류가 해결해야 할 가장 절박한 지구환경문제를 이슈화시키고 그 해결책을 제시하여 재앙에 직면한 지구촌을 살리기 위해서입니다.
　'사막화방지 국제연대'에서 추진하고 있는 사막화 방지, 지구 초원

화, 대체에너지 개발은 온 인류가 발 벗고 나서서 해야 할 일입니다.

첫 번째 사막화 방지에 있어서 기존에 해왔던 '나무심기 사업'은 천문학적인 예산과 많은 인력을 동원하고도 극도로 황폐한 사막화된 환경을 되살리는 데 실패하였습니다.

그래서 이 사람은 사막화 방지에 있어서는 '사막 해수로 사업'을 새로운 방안으로 제시하였습니다.

사막 해수로 사업은 사막화된 지역에 수도관을 매설하여 바닷물을 끌어들여서 염분에 강한 식물을 중심으로 자연생태계를 복원하는 사업입니다.

이것은 나무심기 사업으로 심은 나무들이 절대적으로 물이 부족하여 생존할 수 없었던 문제를 해결할 수 있는, 현재로서는 유일한 해결책입니다.

그러나 '사막화방지 국제연대'의 목적은 사막이 확장되는 것을 방지하자는 것이지 사막 전체를 완전히 없애자는 것은 아닙니다. 인체에서 심장이 모든 피를 전신의 구석구석까지 골고루 보내어 살아서 활동하게 하듯이 사막은 오히려 지구의 심장 역할을 하는 중요한 곳이기 때문입니다.

그래서 21세기에 있어서는 다만 사막의 확장을 방지할 뿐 아니라 사막을 어떻게 운용하느냐를 연구해야 합니다.

사막에 바둑판처럼 사방이 막힌 플륨관 수로를 설치하여 동, 서, 남, 북 어느 방향의 수로를 얼마만큼 채우느냐 비우느냐에 따라, 사막으로부터 사방 어느 방향으로든 거리까지 조절하여, 원하는 지역에 비를 내리게 하고 그치게 할 수 있습니다. 철저히 과학적인 데이터에 의해 이렇게 사막을 운용함으로써 21세기의 지구를 풍요로운 낙원시대로 만들어가야 합니다.

　두 번째로 지구를 초원화할 수 있는 방안으로 3년간의 실험을 통해, 광활한 황무지 지역을 큰 비용을 들이거나 많은 인력을 동원하지 않고도 짧은 시간 내에 초지로 바꿀 수 있는 식물을 찾아냈습니다.

　그것은 바로 '돌나물'입니다. 돌나물은 따로 종자를 심을 필요가 없이 헬리콥터나 비행기로 살포해도 생존, 번식할 수 있으며, 추위와 더위, 황폐한 땅에서도 살아남을 수 있는 생명력과 번식력이 강한 식물입니다.

　지구환경을 되살리는 초지조성 사업에 있어서 이것이 큰 도움이 되리라 생각합니다.

　세 번째의 대체에너지 개발에 있어서는 태양력, 파력, 풍력 등 1962년도부터 이 사람이 연구하고 얘기해왔던 방법들이 이미 많이 개발되어 실용화한 단계에 있습니다.

　이 세 가지 일은 한 개인이나 한 국가가 할 수 있는 일이 아닙니다. 모든 국가가 앞장서서 전세계적인 사업으로 이루어져야 합니다. 모든 국가가 함께 하는 기금조성이 이루어져야 하고 기금조성에 참여한 국가는 이 시스템에 의한 전면적인 혜택을 입을 수 있도록 해야 합니다.

　인류 모두가 지혜를 모아 이 일에 전력을 다한다면 인류는 유사 이래 가장 좋은 시절을 맞이하게 될 것이며, 만약 이 일을 남의 일인 양 외면한다면 극한의 재앙을 면할 수 없을 것입니다.

　이 사람이 오래 전부터 얘기해왔던 '울 안의 농법'은 이미 미국 라스베이거스(Las Vegas)에서 30층짜리 '고층 빌딩 농장'으로 구현되었습니다. 그렇게 크게도 운영될 수 있지만 각자 자신의 집에서 이루어지는 '울 안의 농법'도 필요합니다.

21세기에 있어서 또 하나 인류가 만일의 사태를 대비해서 연구, 추진해야 될 일이 있다면 바닷속에서의 수중생활, 수중경작입니다.

지구 온난화가 심화될 경우, 공기가 너무 많이 오염될 경우, 바닷물이 높아져 살 땅이 좁아질 경우 등에 대비할 때, 인류는 우주에서의 삶보다는 바닷속에서의 삶을 준비해야 합니다. 왜냐하면 그것이 훨씬 수월하고 비용도 절감할 수 있기 때문입니다.

이렇게 깨달은 이는 이변적으로는 깨달음을 얻게 하여 영생불멸의 삶을 영위할 수 있도록 만인을 이끌어야 하며 사변적으로는 일반인이 예측할 수 없는 백 년, 천 년 앞을 내다보아 이를 미리 앞서 대비하도록 만인의 삶을 이끌어줘야 한다고 생각합니다.

불법의 뜻은 다만 진리 전수에만 있는 것이 아니니, 만인이 서로 함께 영원한 극락을 누릴 때까지 물심양면으로, 이사일여로 베풀어 교화해야 하기 때문입니다.

가슴으로 부르는 불심의 노래

　여기에 실린 가사는 모두 농선 대원 선사님께서 직접 작사하신 것이다. 수행의 길로 들어서게끔 신심, 발심을 북돋아주는 가사로부터 수행의 길로 접어든 이의 구도의 몸부림이 담겨있는 가사, 대승의 원력을 발해서 교화하는 보살의 자비심과 함께 낙원세계를 누리는 풍류를 그려놓은 가사까지 한마디, 한마디가 생생하여 그 뜻이 뼛속 깊이 새겨지고 그 멋에 흠뻑 취하게 된다. 농선 대원 선사님께서는 거칠고 말초적인 요즘의 노래를 듣고 이러한 정서를 순화시키고자, 또한 수행의 마음을 진작시키고자 하는 뜻에서 이 가사들을 쓰셨다.

 ## 그래야지

1.
마음으로 물질로써
갖가지로 베푸는 것
생활화한 국민되어
이뤄내는 국가되세
그래야지 그래야지
얼씨구나 좀 더 좋다

그런 이웃 그런 나라
이뤄내서 사노라면
모든 나라 따르리니
그리되면 지상낙원
그래야지 그래야지
얼씨구나 좀 더 좋다

별중의 별 될 것이니
선조의 뜻 이룸이라
후손으로 할 일 해낸
자부심이 치솟누나
그래야지 그래야지
얼씨구나 좀 더 좋다

얼씨구야 절씨구야
좀 더 좋고 좀 더 좋다
얼씨구야 절씨구야
좀 더 좋고 좀 더 좋다

아리랑 아리랑 아라리요
아리랑 고개를 넘어간다

2.
그래야지 그래야지
혼자 삶이 아닌 세상
웬만하면 넘어가는
아량으로 살아가세
그래야지 그래야지
얼씨구나 좀 더 좋다

부딪히면 틀어져서
소통의 길 막히나니
그러므로 눈 감아줘
참는 것이 상책일세
그래야지 그래야지
얼씨구나 좀 더 좋다

걸린 생각 비워내서
한결같이 사노라면
복이되어 돌아옴을
실감할 날 있을 걸세
그래야지 그래야지
좀 더 좋고 좀 더 좋다

얼씨구야 절씨구야
좀 더 좋고 좀 더 좋다
얼씨구야 절씨구야
좀 더 좋고 좀 더 좋다

아리랑 아리랑 아라리요
아리랑 고개를 넘어간다

 마음

1.
시작도 없는 마음
끝남도 없는 마음

온통으로 드러나
언제나 같이 있어

어떤 것도 가릴 수
전혀 없는 그 마음

고고하고 당당한
영원한 마음일세

아리랑 아리랑 아라리요
아리랑 고개를 넘어간다
청천 하늘에 잔별도 많고
요내 가슴에는 희망도 많다

2.
모두를 마음으로
시도를 뭐든 해봐

안되는 일 없어서
사는 데 불편없고

하고프면 하면 돼
뜻 펼치는 삶이니

즐겁고도 즐거운
누리는 삶이로세

아리랑 아리랑 아라리요
아리랑 고개를 넘어간다
청천 하늘에 잔별도 많고
요내 가슴에는 희망도 많다

사는게 아리랑 고개

1.
이 마음이 내가 되니
나고 죽음 본래 없고
이리 보고 저리 봐도
허공까지 내 몸일세
신기하고 신기하다
신기하고 신기해

이 마음이 내가 되니
안 되는 일 전혀 없어
잡된 생각 사라지고
두려움도 없어졌네
신기하고 신기하다
신기하고 신기해

이 마음이 내가 되니
끝이 없이 자유롭고
잠 못 이룬 괴로움과
공황장애 흔적 없네
신기하고 신기하다
신기하고 신기해

아리랑 아리랑
아라리요
아리랑 고개를 넘어왔다

2.
이 마음이 내가 되니
맘 먹은 일 순조롭고
살아가는 나날들이
마음광명 누림일세
신기하고 신기하다
신기하고 신기해

이 마음이 내가 되니
마음광명 누림이라
나날들이 평화롭고
자신감이 넘쳐나네
신기하고 신기하다
신기하고 신기해

이 마음이 내가 되니
대인관계 순조로와
일일마다 즐거웁고
웃음꽃이 피어나네
신기하고 신기하다
신기하고 신기해

아리랑 아리랑
아라리요
아리랑 고개를 넘어왔다

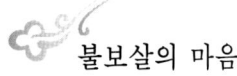 **불보살의 마음**

1.
자비, 그 자비는 눈물이었네
불나방이 불을 쫓듯 가는 이
그래도 못 잊어서 버리지 못해
저리는 저리는 가슴, 그 가슴 안고서
눈물, 피눈물로 저리 부르네

2.
자비, 그 자비는 눈물이었네
제 살 길을 저버리는 이들을
그래도 못 잊어서 버리지 못해
저리는 저리는 가슴, 그 가슴 안고서
눈물, 피눈물로 저리 부르네

 **나의 노래**

1.
노세 노세 봄놀이하세
대천세계 이 봄 경치
한산 습득 친구 삼아
호연지기 즐겨볼까
얼씨구나 절씨구
아니나 즐기고 무엇하리

2.
노세 노세 봄놀이하세
걸음 쫓아 이른 곳곳
문수 보현 벗을 삼아
화엄광장 춤춰볼까
얼씨구나 절씨구
아니나 즐기고 무엇하리

평화로운 삶

1.
이 몸을 나로 아는
하나의 실수로서
우주가 생긴 이래

얼마나 많은 고통
겪어들 왔었던가
치떨린 일이로세

뭘 해야 그 반복을
금생에 끊어버려
그 고통 벗어날까

생각코 생각하니
그 해결 내게 있네
마음이 나 된걸세

아리랑 아리랑 아라리요
아리랑 고개를 넘어간다
청천 하늘엔 잔별도 많고
이내 가슴엔 희망도 많다

2.
마음이 내가 되면
그 어떤 것이라도
더 이상 필요찮고

마음이 내가 되면
미묘한 갖은 공덕
스스로 갖춰 있고

마음이 내가 되면
그 모든 근심 걱정
씻은 듯 사라지고

마음이 내가 되면
이 생과 저 세상이
당초에 없는 걸세

아리랑 아리랑 아라리요
아리랑 고개를 넘어간다
청천 하늘엔 잔별도 많고
이내 가슴엔 희망도 많다

3.
마음이 내가 되면
어제와 내일 일을
눈 앞 일 알 듯하고

마음이 내가 되면
신분이 관계 없이
서로가 평등하며

마음이 내가 되면
모든 일 뜻을 따라
원만히 이뤄지고

마음이 내가 되면
걸림이 없는 그 삶
저절로 이뤄지네

아리랑 아리랑 아라리요
아리랑 고개를 넘어간다
청천 하늘엔 잔별도 많고
이내 가슴엔 희망도 많다

그리운 님

환갑 진갑 다 지난 삶 살다보니
석양 노을 바라보다 텅 빈 가슴
외로움에 철이 드나 생각나는
님이시여 이 몸마저 자유롭지
못한 괴롬 닥쳐서야 님의 말씀
들려오는 철없던 삶 후회하며
외쳐 찾는 님이시여 지는 해를
붙들고서 맘이 나된 삶으로써
나고 죽는 모든 고통 없는 삶을
누리라는 그 말씀이 빛이 되어
외쳐지는 님이시여 이제라도
실천 실행 하오리다 이끌어만
주옵소서 님이시여 내 님이여

잘 사는 게 불법일세

1.
잘 사는 게 불법일세
우리 모두 관음보살 지장보살 생활 속에 모시면서
마음 비운 나날들로 바른 삶을 하노라면
불보살님 가피 속에 뜻 이뤄서 꽃을 피운
그런 날이 있을 걸세

2.
잘 사는 게 불법일세
우리 모두 관음보살 지장보살 생활 속에 모시면서
마음 비워 살아가며 시시때때 잊지 않고
참나 찾아 참구하는 그 정성도 함께하면
좋은 소식 있을 걸세

3.
잘 사는 게 불법일세
우리 모두 관음보살 지장보살 생활 속에 모시면서
틈틈으로 회광반조 사색으로 참나 깨쳐
화장세계 장엄하고 얼쉬얼쉬 어울리며
영원토록 웃고 사세

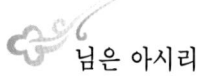 **님은 아시리**

1부

1.
사계절의 풍광인들 위로되겠니
서사시의 음률인들 쉬어지겠니
뜻과 같이 되지 않아 기도에 젖은
이 마음 님은 아시리
한 세상 열정 쏟아 닦는 수행길
불보살님 출현하셔 베푼 자비에
모든 망상 모든 번뇌 없었으면 좋으련만
마음대로 안 되는 게 수행이더라, 수행이더라

2.
사계절의 풍광인들 위로되겠니
서사시의 음률인들 쉬어지겠니
뜻과 같이 되지 않아 기도에 젖은
이 마음 님은 아시리
청춘의 모든 욕망 사뤄버리고
회광반조 촌각 아낀 열정 쏟아서
이룬 선정 그 효력이 있었으면 좋으련만
마음대로 안 되는 게 보림이더라, 보림이더라

3.
사계절의 풍광인들 위로되겠니
서사시의 음률인들 쉬어지겠니
뜻과 같이 되지 않아 기도에 젖은
이 마음 님은 아시리
억겁의 모든 습성 꺾어보려고
갖은 노력 갖은 인내 온통 쏟아서
세월 잊은 보림 성취 있었으면 좋으련만
마음대로 안 되는 게 성불이더라, 성불이더라

2 부

1.
사계절의 풍광인들 비유되겠니
가릉빈가 음률인들 비교되겠니
뜻과 같이 자유자재 베풀어놓고
한없이 즐기시련만
그러한 대자유의 삶을 접고서
중생들을 구제하려 삼도에 출현
갖은 역경 어려움을 감내하는 자비로써
깨워주는 그 진리에 눈을 뜨거라, 눈을 뜨거라

2.
사계절의 풍광인들 비유되겠니
가릉빈가 음률인들 비교되겠니
뜻과 같이 자유자재 베풀어놓고
한없이 즐기시련만
억겁을 다하여도 끝이 없을 걸
알면서도 해내겠다 나선 님의 길
가시밭길 험난해도 일관하신 그 자비에
구류중생 깨달아서 정토 이루리, 정토 이루리

3.
사계절의 풍광인들 비유되겠니
가릉빈가 음률인들 비교되겠니
뜻과 같이 자유자재 베풀어놓고
한없이 즐기시련만
낙원의 모든 즐김 떨쳐버리고
삼악도를 낙원으로 이뤄놓겠다
촌각 아낀 그 열정에 모두 모두 감화되어
이 땅 위에 님의 소원 이뤄지리라, 이뤄지리라

 ## 선 승

토함산 소나무 위에
달빛도 조는데
단잠을 잊은 채
장승처럼 앉아있는
깊은 밤 선승의
그윽한 눈빛
고요마저 서지
못한 선정이라
대천도 흔적 없고
허공계도 머물 수 없는
수정 같은 광명이여,
화엄의 세계로세

 ## 우리 모두

우리 모두 만난 인생 즐겁게 살자
부딪치는 세상만사 웃으며 하자
인연으로 어우러진 세상사이니
풀어가는 삶이어야 하지 않겠니

몸종 노릇 하는 사이 맘 챙겨 살자
맑고 맑은 가을 허공 그렇게 비워
명상으로 정신세계 사무쳐보자
언젠가는 깨쳐 웃는 그날이 오리

한산 습득 껄껄 웃는 그러한 웃음
웃어가며 모든 일을 대하는 날로
활짝 펼쳐 어우러진 그러한 삶을
우리 모두 발원하며 즐겁게 살자

 **마음이 나로세**

본래 마음이 나이건만
몸이 내가 된 삶이 되어
갖은 고통이 따랐다네
이리 쉽고도 쉬운 일을
어찌 등 돌린 삶으로서
고통 속에서 헤매는고

맘이 내가 된 삶으로서
갖은 고통이 없는 삶을
우리 누리고 살아보세
마음 수행을 모두 하여
나고 죽음이 없음으로
태평 세월을 누려보세

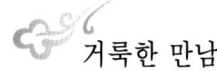 **거룩한 만남**

불법을 만난 건 행운 중 행운이고 내 생의 정점일세
거룩한 이 법을 만나는 사람이면 서로가 권하고 권을 하여
함께 하는 일상의 수행이 되어서 다 같이 누리는 낙원 이뤄
고통과 생사는 오간 데 없고 웃음과 평온만 넘치고 넘쳐
길이길이 끝이 없는 복락 누리세

여래의 큰 은혜 순간인들 잊으랴 수행해 크게 깨쳐
구제를 다함만 큰 은혜 갚음이니 노력과 실천 다해
우리 모두 씩씩한 낙원의 역군이 되어 봉화적인 이생의 삶으로써
최선을 다하여 부끄럼 없는 대장부로, 은혜 갚는 장부로
길이길이 끝이 없는 복락 누리세

 ## 사람다운 삶

1.
사람이 사람다운 사람이 되려면
명상으로 비우고 비워서
고요의 극치에 이르러
자신을 발견한 슬기로써
마음을 다스리는 연마 후에
그 능력으로 모두가 살아가야
평화로운 세상이 활짝 열려
모두 함께 누릴 걸세

2.
서로가 다툼 없이 서로를 아껴서
마음으로 베풀고 베푸는
사회로 이루어 간다면
낙원이 멀리만 있는 것이 아니라
살고 있는 이대로가 낙원이란 걸
모두가 실감하는
우리들의 세상이 활짝 열려
모두 함께 누릴 걸세

 ## 사는 목적

우리 모두 행복을 찾아 영원을 찾아
내면 향해 비춰보는 명상으로
앉으나 서나 일을 하나 최선을 다하세
하루의 해가 서산을 붉게 물들이고
합장 기도하여 또 다짐과 맹서의 말
뜻 이루어 이 세상의 빛이 돼서
구류를 생사 고해에서 구제하는 사람으로
영원히 영원히 살 것입니다

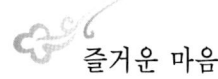 즐거운 마음

1.
우리 모두 선택받은 제자 되어
즐거운 맘 하나 되어 축하합니다
그 무엇을 이룬들 이리 좋으며
황금보석 선물인들 이만하리까
부처님의 가르침만 따르오리다
실천하리라 실천하리라

2.
부처님의 뒤 이을 걸 맹세하며
다짐으로 즐기는 맘 가득합니다
당당하게 행보하는 구세의 역군
혼신 다해 낙원 이룬 이 세계에서
함께 사는 즐거움을 생각하며
노래합니다 노래합니다

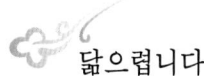 닮으렵니다

관세음보살 관세음보살
지극한 마음으로 닮으려고
오늘도 노력하며 주어진 일을 하면
하루가 훌쩍 가는 줄도 모른다오
관세음 관세음보살
님께서 베푸는 그 넓은 사랑을
이 맘 속에 기르고 길러서
실천하는 그런 장부 되어서
큰 은혜 갚을 겁니다

바른 삶 1

우리 삶을 두고서 허무하다 누가 말했나
본래 마음이 나 아닌가
그 마음 나를 삼아 살면 되지
지금도 늦지 않네 우리 모두
오늘부터 모두들 마음으로 나를 삼아
길이길이 웃고들 사세

바른 삶 2

1.
어디어디 어디라 해도
마음 찾아 바로만 살면
그곳 바로 극락이라네
세상분들 귀담아듣고
사람 몸을 가졌을 때에
모든 고비 극복해내서
참선으로 참나를 깨쳐
걸림 없는 해탈의 세상
누려보세 누려들 보세

2.
어두운 곳 태양이 뜨듯
중생계에 불타 출현해
바른 삶으로 인도하셔
복된 날을 기약케 하니
아니아니 좋고 좋은가
이 몸 주인 통쾌히 깨쳐
억겁 업을 말끔히 씻고
걸림 없는 해탈의 세상
누려보세 누려들 보세

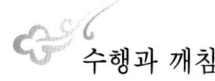 수행과 깨침

1.
그릴 수도 없는 마음, 만질 수도 없는 마음
찾으려는 수행이라 모든 것을 다 버리고
모든 생각 비우기를 몇천 번이었던가
머리 터져 피 흘려도 멈출 수가 없는 공부
이 공부가 아니던가

2.
놓지 못해 우두커니 장승처럼 뭐꼬 하고 앉았는데
앞뒤 없어 몸마저도 공해버린 여기에서 이러-한 채
시간 간 줄 모른 채로 눈을 감고 얼마간을 지나던 중
한 때 홀연 큰 웃음에 화장계일세

 걱정 말라

1.
걱정 말라 걱정을 말라 불보살님 말씀대로만 행한다면
안 풀리는 일 없다 하지 않았던가
육근으로 보시를 하며 웃고 살자 웃고들 살자
백년 미만 우리네 인생, 세상 만사 마음먹기 달렸다고
일러주시지 않았던가 걱정을 말라

2.
이리 봐도 저리를 봐도 모두모두 내 살림일세
간섭할 수 없는 내 살림 아니아니 그러한가
이리 펼치고 저리 펼쳐 육문으로 지은 복덕
베푸는 맛이 아니 좋은가 우리 사는 지구인 별 함께 가꿔
낙원으로 만들어서 살아들 보세

정한 일일세

우리네 삶이란 것
풀끝 이슬 아니던가
서로서로 위로하고 아끼면서
우리 모두 착한 삶이
이어져 가노라면
언젠가는 행복한
그날이 우리에게
찾아오는 것 정한 일일세
찾아오는 것 정한 일일세

여기가 낙원

참나 찾아 영원을 향해
한눈 안 팔고 노력하고
가정 위해 사회를 위해
뛰고 뛰고 혼신을 다한
나의 노력 결실이 되어
일상에서 누리는 나날
선 자리가 낙원이 되니
초목들도 어깨 춤추고
산새들도 축하를 하네

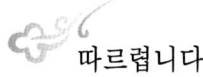 따르렵니다

1.
우리 모두 합장 공경 하옵니다
크고 작은 근심 걱정 씻어주려
우릴 찾아 오셨으니 감사합니다 고맙습니다

2.
우리 모두 손에 손을 맞잡고서
즐거웁게 노래하고 춤을 추며
우리에게 오신 님을 경하합니다 축하합니다

3.
우리들의 깊은 잠을 깨워주셔
영생불멸 낙원의 삶 누리게끔
해주시려 오신 님을 공경합니다 따르렵니다

 옛 고향

고향 옛 고향이 그리워 거니는 산책에
고요한 달빛 휘영청 밝고 밤새는
그 무슨 생각에 저리 부르는 노래인데
숲 타고 온 석종소리에 열리는 옛 내 고향
그리도 캄캄하던 생각들은 흔적도 없고
고요한 마음 옛 고향 털끝만큼도
가리운 것이란 없었는데
어찌해 그 무엇에 어두웠던고 고향길 옛 내 고향
나는 따르리라 끝없는 일이라 하여도
님 하신 구제 고난과 역경
그 어떤 어려움 닥쳐도
님 하시는 일이라면 멈추는 일 없을 것일세
이것만이 보은이라네 보은이라네

 지장보살

지장보살 두 눈의 흐르는 눈물
마르실 날 언제일까 생각하고 또 생각해도
이 세상의 사람들이 멀어지게만 하고 있네요
보살님 어찌해야 하오리까
반야의 실천으로 최선 다해 돕는다면
안 되는 일 있으리까
대원본존 지장보살 나무 지장보살
얼씨구나 절씨구나 한 판 놀음 덩실덩실 살아들 보세

 곰탱이

곰탱이 곰탱이 미련 곰탱이
세상 사람 요구 따라 다 들어준
사람더러 곰탱이라네
요구 따라 따지지 않고
들어주기 바쁜 이를 놀려대며 하는 말
곰탱이 곰탱이 미련 곰탱아
그리 살다간 끝내는 빌어먹을 쪽박마저
없겠구나 미련 곰탱아
그래도 덩실덩실 추는 춤을
보며 깔깔 웃는 사람들아
웃는 자신 모르니 서글퍼 내 하는 말
한 판의 꿈속이라 천금만금 쓸데없네
깔깔 웃는 그 실체를 자신 삼아 사는 삶이 되길
바라고 바라는 곰탱이 춤이로세

도서출판 문젠(Moonzen Press)의 책들

출간 도서

바로보인 전등록 전 5권
바로보인 무문관
바로보인 벽암록
바로보인 천부경 · 교화경 · 치화경
바로보인 금강경
세월을 북채로 세상을 북삼아
영원한 현실
바로보인 신심명
바로보인 환단고기 전 5권
바로보인 선문염송 전 30권
앞뜰에 국화꽃 곱고 북산에 첫눈 희다
바로보인 증도가
바로보인 반야심경
선을 묻는 그대에게 1 · 2
바로보인 선가귀감
바로보인 법융선사 심명
주머니 속의 심경
바로보인 법성게
달다 -전강 대선사 법어집
기우목동가
초발심자경문
방거사어록
실증설

하택신회대사 현종기
불조정맥 - 한 · 영 · 중 3개국어판
바른 불자가 됩시다
누구나 궁금한 33가지
108진참회문 - 한 · 영 · 중 3개국어판
달마의 일할도 허락지 않는다
마음대로 앉아 죽고 서서 죽고
화두 3개국어판 - 한 · 영 · 중
바로보인 간당론
완전한 우리말 불공예식법
바로보인 유마경
실증설 5개국어판 - 한 · 영 · 불 · 서 · 중
누구나 궁금한 33가지 3개국어판
- 한 · 영 · 중
달마의 일할도 허락지 않는다
3개국어판 - 한 · 영 · 중
법성게 3개국어판 - 한 · 영 · 중
정법의 원류
바로보인 도가귀감
바로보인 유가귀감
화엄경 81권
바로보인 전등록 전 30권

출간예정 도서

바로보인 능엄경 제6권
바로보인 원각경
바로보인 육조단경
바로보인 대전화상주 심경
바로보인 위앙록
해동전등록 전 10권
말 밖의 말
언어의 향기
농선 대원 선사 선송집

진리와 과학의 만남
바로보인 5대 종교
금강경 야부송과 대원선사 토끼뿔
선재동자 참알 오십삼선지식
경봉선사 혜암선사 법을 들어 설하다
십현담 주해
불교대전
태고보우선사 어록

1. 바로보인 전등록 (전30권을 5권으로)

7불과 역대 조사의 말씀이 1,700공안으로 집대성되어 있는 선종 최고의 고전으로, 깨달음의 정수가 살아 숨쉬도록 새롭게 번역되었다.
464, 464, 472, 448, 432쪽.
각권 18,000원

2. 바로보인 무문관

황룡 무문 혜개 선사가 저술한 공안집으로 전등록, 선문염송, 벽암록 등과 함께 손꼽히는 선문의 명저이다. 본칙 48개와 무문 선사의 평창과 송, 여기에 역저자인 대원선사의 도움말과 시송으로 생명과 같은 선문의 진수를 맛보여 주고 있다.
272쪽. 12,000원

3. 바로보인 벽암록

설두 선사의 설두송고를 원오 극근 선사가 수행자에게 제창한 것이 벽암록이다.
이 책은 본칙과 설두 선사의 송, 대원선사의 도움말과 시송으로 이루어져, 벽암록을 오늘에 맞게 바로 보이고 있다.
456쪽. 15,000원

4. 바로보인 천부경

우리 민족 최고(最古)의 경전 천부경을 깨달음의 책으로 새롭게 바로 보였다. 이 책에는 81권의 화엄경을 81자에 함축한 듯한 천부경과, 교화경, 치화경의 내용이 함께 담겨 있으며, 역저자인 대원선사가 도움말, 토끼뿔, 거북털 등으로 손쉽게 닦아 증득하는 문을 열어 놓고 있다.
432쪽. 15,000원

5. 바로보인 금강경

대원선사의『바로보인 금강경』은 국내 최초로 독창적인 과목을 내어 부처님과 수보리 존자의 대화 이면의 숨은 뜻을 드러내고, 자문과 시송으로 본문의 핵심을 꿰뚫어 밝혀, 금강경 전체를 손바닥 안의 겨자씨를 보듯 설파하고 있다.
488쪽. 15,000원

6. 세월을 북채로 세상을 북삼아

대원선사의 선시가 담긴 선시화집『세월을 북채로 세상을 북삼아』는 선과 시와 그림이 정상에서 만나 어우러진 한바탕이다.
선의 세계를 누리는 불가사의한 일상의 노래, 법열의 환희로 취한 어깨춤과 같은 선시가 생생하고 눈부시게 내면의 소리로 흐른다.
180쪽. 15,000원

7. 영원한 현실

애매모호한 구석이 없이 밝고 명쾌하여, 너무도 분명함에 오히려 그 깊이를 헤아리기 어려운, 대원선사의 주옥같은 법문을 모아 놓은 법문집이다.
400쪽. 15,000원

8. 바로보인 신심명

신심명은 양끝을 들어 양끝을 쓸어버리는, 40대치법으로 이루어진, 3조 승찬 대사의 게송이다. 이를 대원선사가 바로 번역하는 것은 물론, 주해, 게송, 법문을 더해 통쾌하게 회통하고 자유자재 농한 것이 이『바로보인 신심명』이다.
296쪽. 10,000원

9. 바로보인 환단고기 (전5권)

『바로보인 환단고기』 1권은 민족정신의 정수인 환단고기의 진리를 총정리하여 출간하였다. 2권에는 역사총론과 태초에서 배달국까지 역사가 실려 있으며, 3권은 단군조선, 4권은 북부여에서부터 고려까지의 역사가 실려 있다. 5권에는 역사를 증명하는 부록과 함께 환단고기 원문을 실었다. 344 · 368 · 264 · 352 · 344쪽. 각권 12,000원

10. 바로보인 선문염송 (전30권)

선문염송은 세계최대의 공안집이다. 전 공안을 망라하다시피 했기에 불조의 법 쓰는 바를 손바닥 들여다보듯 하지 않고는 제대로 번역할 수 없다. 대원선사는 전 공안을 바로 참구할 수 있게끔 번역하고 각 칙마다 일러보였다. 352 368 344 352 360 360 400 440 376 392 384 428 410 380 368 434 400 404 406 440 424 460 472 456 504 528 488 488 480 512쪽. 각권 15,000원

11. 앞뜰에 국화꽃 곱고 북산에 첫눈 희다

대원선사의 선문답집으로 전강 · 경봉 · 숭산 · 묵산 선사와의 명쾌한 문답을 실었으며, 중앙일보의 〈한국불교의 큰스님 선문답〉 열 분의 기사와 기자의 질문에 대한 대원선사의 별답을 함께 실었다.
200쪽. 5,000원

12. 바로보인 증도가

선종사에 사라지지 않을 발자취로 남은 영가 선사의 증도가를 대원선사가 번역하고 법문과 송을 더하였다. 자비의 방편인 증도가의 말씀을 하나하나 쳐가는 선사의 일갈이야말로 영가 선사의 본 의중과 일치하여 부합하는 것이라 아니할 수 없다.
376쪽. 10,000원

13. 바로보인 반야심경

이 시대의 야부(冶父)선사, 대원선사가 최초로 반야심경에 과목을 붙여 반야심경 내면에 흐르는 뜻을 밀밀하게 밝혀놓고 거침없는 송으로 들어보였다.
264쪽. 10,000원

14. 선(禪)을 묻는 그대에게 (전10권 중 2권)

대원선사의 선수행에 대한 문답집.
깨달아 사무친 경지에 대한 밀밀한 점검과, 오후보림에 대한 구체적인 수행법 제시와, 최초의 무명과 우주생성의 원리까지 낱낱이 설한 법문이 담겨 있다.
280쪽, 272쪽. 각권 15,000원

15. 바로보인 선가귀감

선가귀감은 깨닫고 닦아가는 비법이 고스란히 전수되어 있는 선가의 거울이라 할 만하다. 더욱이 바로보인 선가귀감은 매 소절마다 대원선사의 시송이 화살을 과녁에 적중시키듯 역대 조사와 서산대사의 의중을 꿰뚫어 보석처럼 빛나고 있다.
352쪽. 15,000원

16. 바로보인 법융선사 심명

심명 99절의 한 소절, 한 소절이 이름 그대로 마음에 새겨두어야 할 자비광명들이다.
이 심명은 언어와 문자이면서 언어와 문자를 초월한 일상을 영위하게 하는 주옥같은 법문이다.
278쪽. 12,000원

17. 주머니 속의 심경

반야심경은 부처님이 설하신 경 중에서도 절제된 경으로 으뜸가는 경이다. 대원선사의 선송(禪頌)도 그 뜻을 따라 간략하나 선의 풍미를 한껏 담고 있다. 하루에 한 소절씩을 읽고 참구한다면 선 수행의 지름길이 될 것이다.
 84쪽. 5,000원

18. 바로보인 법성게

법성게는 한마디로 화엄경의 핵심부를 온통 훤출히 드러내놓은 게송이다. 짧은 글 속에 일체의 법을 이렇게 통렬하게 담아놓은 법문도 드물 것이다.
이렇게 함축된 법성게 법문을 대원선사가 속속들이 밀밀하게 설해놓았다.
176쪽. 10,000원

19. 달다 - 전강 대선사 법어집

이제는 전설이 된 한국 근대선의 거목인 전강 선사님의 최상승법과 예리한 지혜, 선기로 넘쳤던 삶이 생생하게 담겨 있는 전강 대선사 법어집〈달다〉!
전강 대선사님의 인가 제자인 대원선사가 전강 대선사님의 법거량과 법문, 일화를 재조명하여 보였다.
368쪽. 15,000원

20. 기우목동가

그 뜻이 심오하여 번역하기 어려웠던 말계 지은 선사의 기우목동가!
대원선사가 바른 뜻이 드러나도록 번역하고, 간결한 결문과 주옥같은 선송으로 다시 보였다.
 146쪽. 10,000원

21. 초발심자경문

이 초발심자경문은 한문을 새기는 힘인 문리를 터득하게 하기 위하여 일부러 의역하지 않고 직역하였다. 대원선사의 살아있는 수행지침도 실려 있다.
266쪽. 10,000원

22. 방거사어록

방거사어록은 선의 일상, 선의 누림을 보여주는 대표적인 선문이다. 역저자인 대원선사는 방거사어록의 문답을 '본연의 바탕에서 꽃피우는 일상의 함'이라 말하고 있다. 법의 흔적마저 없는 문답의 경지를 온전하게 드러내 놓은 번역과, 방거사와 호흡을 함께 하는 듯한 '토끼뿔'이 실려 있다.
306쪽. 15,000원

23. 실증설

이 책은 대원선사가 2010년 2월 14일 구정을 맞이하여 불자들에게 불법의 참뜻을 보이기 위해 홀연히 펜을 들어 일시에 써내려간 법문을 모태로 하였다. 실증한 이가 아니고는 설파할 수 없는 성품의 이치를 자문자답과 사제간의 문답을 통해 1, 2, 3부로 나눠 실증하여 보이고 있다.
224쪽. 10,000원

24. 하택신회대사 현종기

육조대사의 법이 중국천하에 우뚝하도록 한 장본인, 하택신회대사의 현종기. 세간에 지해종도(知解宗徒)로 알려져 있는 편견을 불식시키는 뛰어난 깨달음의 경지가 여기에 담겨있다. 대원선사가 하택신회대사의 실경지를 드러내고 바로보임으로써 빛냈다.
232쪽. 10,000원

25. 불조정맥 - 韓·英·中 3개국어판

석가모니불로부터 현 78대에 이르기까지 불조정맥진영(佛祖正脈眞影)과 정맥전법게(正脈傳法偈)를 온전하게 갖춘 최초의 불조정맥서. 대원선사가 다년간 수집, 정리하여 기도와 관조 끝에 완성한 『불조정맥』을 3개 국어로 완역하였다.
216쪽. 20,000원

26. 바른 불자가 됩시다

참된 발심을 하여 바른 신앙, 바른 수행을 하고자 해도, 그 기준을 알지 못해 방황하는 불자님들을 위해 불법의 바른 길잡이 역할을 하도록 대원선사가 집필하여 출간하였다.
162쪽. 10,000원

27. 누구나 궁금한 33가지

21세기의 인류를 위해 모든 이들이 가장 어렵고 궁금해 하는 문제, 삶과 죽음, 종교와 진리에 대한 바른 지표를 제시하고자 대원선사가 집필하여 출간하였다.
180쪽. 10,000원

28. 108진참회문 - 韓·英·中 3개국어판

전생의 모든 악연들이 사라져 장애가 없어지고, 소망하는 삶을 살게 하기 위해 대원선사가 10계를 위주로 구성한 108 항목의 참회문이다. 한 대목마다 1배를 하여 108배를 실천할 것을 권한다.
170쪽. 15,000원

29. 달마의 일할도 허락지 않는다

대원선사의 짧고 명쾌한 법문집.
책을 잡는 순간 달마의 일할도 허락지 않는 선기와 맞닥뜨리게 될 것이다. 때로는 하늘을 찌를 듯한 기세와, 때로는 흔적 없는 공기와도 같은 향기를 일별하기를…
190쪽. 10,000원

30. 마음대로 앉아 죽고 서서 죽고

생사를 자재한 분들의 앉아서 열반하고 서서 열반한 내력은 물론 그분들의 생애와 법까지 일목요연하게 수록해놓았다.
446쪽. 15,000원

31. 화두 3개국어판 - 韓·英·中

『화두』는 대원선사의 평생 선문답의 결정판이다. 생생하게 살아있는 선(禪)을 한·영·중 3개국어로 만날 수 있다. 특히 대원선사의 짧은 일대기가 실려 있어 그 선풍을 음미하는 데에 큰 도움을 주고 있다.
440쪽. 15,000원

32. 바로보인 간당론

법문하는 이가 법리를 모르고 주장자를 치는 것을 눈먼 주장자라 한다. 법좌에 올라 주장자 쓰는 이들을 위해서 대원선사가 간당론에서 선리(禪理)만을 취하여 『바로보인 간당론』을 출간하였다.
218쪽. 20,000원

33. 완전한 우리말 불공예식법

부처님께 공양을 올리고 불보살님의 가피를 구하는 예법 등을 총칭하여 불공예식법이라 한다. 대원선사가 이러한 불공예식의 본뜻을 살려서 완전한 우리말본 불공예식법을 출간하였다.
456쪽. 38,000원

34. 바로보인 유마경

유마경은 불법의 최정점을 찍는 경전이라 할 것이니, 불보살님이 교화하는 경지에서의 깨달음의 실경과 신통자재한 방편행을 보여주는 최상승 경전이다. 대원선사가 〈대원선사 토끼뿔〉로 이 유마경에 걸맞는 최상승법을 이 시대에 다시금 드날렸다.
568쪽. 20,000원

35. 실증설
5개국어판 - 韓·英·佛·西·中

대원선사가 불법의 참뜻을 보이기 위해 홀연히 펜을 들어 일시에 써내려간 실증설! 실증한 이가 아니고는 설파할 수 없는 도리로 가득한 이 책이 드디어 영어, 불어, 스페인어, 중국어를 더하여 5개국어로 편찬되었다.
860쪽. 25,000원

36. 누구나 궁금한 33가지
3개국어판 - 韓·英·中

누구라도 풀어야 할 숙제인 33가지의 의문에 대한 답을 21세기의 현대인에게 맞는 비유와 언어로 되살린 『누구나 궁금한 33가지』가 한글, 영어, 중국어 3개국어로 출간되었다.
408쪽. 15,000원

37. 달마의 일할도 허락지 않는다
3개국어판 - 韓 · 英 · 中

대원선사의 짧고 명쾌한 법문집인『달마의 일할도 허락지 않는다』가 한글, 영어, 중국어 3개국어로 출간되었다. 전세계에서 유일하게 활선의 가풍이 이어지고 있는 한국, 그 가운데에서도 불조의 정맥을 이은 대원선사가 살활자재한 법문을 세계로 전하고 있는 책이다.
308쪽. 15,000원

38. 화엄경 (전81권)

대원선사는 선문염송 30권, 전등록 30권을 모두 역해하여 세계 최초로 1,463칙 전 공안에 착어하였다. 이러한 안목으로 대천세계를 손바닥의 겨자씨 들여다보듯 하신 불보살님들의 지혜와 신통으로 누리는 불가사의한 화엄세계를 열어 보였다.
220쪽. 각권 15,000원

39. 법성게 3개국어판 - 韓 · 英 · 中

법성게는 한마디로 화엄경의 핵심부를 훤출히 드러내놓은 게송으로 짧은 글 속에 일체 법을 고스란히 담아놓았다. 대원선사의 통쾌한 법성게 법문이 한영중 3개국어로 출간되었다.
376쪽. 15,000원

40. 정법의 원류

『정법의 원류』는 불조정맥을 이은 정맥선원의 소개서이다. 정맥선원은 불조정맥 제77조 조계종 전강 대선사의 인가 제자인 대원 전법선사가 주재하는 도량이다.『정법의 원류』를 통해 정맥선원 대원선사의 정맥을 이은 법과 지도방편을 만날 수 있다.
444쪽. 20,000원

41. 바로보인 도가귀감

도가귀감은, 온통인 마음[一物]을 밝혀 회복함으로써, 생사를 비롯한 모든 아픔과 고를 여의어, 뜻과 같이 누려서 살게 하고자 한 도교의 뜻을, 서산대사가 밝혀놓은 책이다. 대원선사가 부록으로 도덕경의 중대한 대목을 더하고, 그 대목대목마다 결문(決文)하였다.
218쪽. 12,000원

42. 바로보인 유가귀감

유가귀감은 서산대사가 간추려놓은 구절로서, 간결하지만 심오하기 그지없으니, 간략한 구절 속에서 유교 사상을 미루어볼 수 있게 하였다. 대원선사가 그 뜻이 잘 드러나게 번역하고 그 대목대목마다 결문(決文)하였다.
236쪽. 15,000원

43. 바로보인 전등록 (전30권)

7불로부터 52세대까지 1,701명 선지식의 깨달음의 진수가 담긴 전등록 30권에 농선 대원 선사가 선리(禪理)의 토끼뿔을 더해 닦아 증득하는데 도움이 되도록 하였다.
288쪽. 각권 15,000원

농선 대원 선사 법문 mp3 주문 판매

* 천부경 : 15,000원
* 신심명 : 30,000원
* 현종기 : 65,000원
* 기우목동가 : 75,000원
* 반야심경 : 1회당 5,000원 (총 32회)
* 선가귀감 : 1회당 5,000원 (총 80회)

* 금강경 : 40,000원
* 법성게 : 10,000원
* 법융선사 심명 : 100,000원

농선 대원 선사 작사 CD 주문 판매

* 가슴으로 부르는 불심의 노래 1,2,3집
  각 : 1만 5천원
* 유튜브에서 채널 구독하시고 무료로 찬불가 앨범을 감상하세요

주문 문의 ☎ 031-534-3373

유튜브에서 채널 구독하시고
무료로 찬불가 앨범을 감상하세요

유튜브에서 MOONZEN을 검색하시거나
아래의 주소로 접속해주세요

http://www.youtube.com/user/officialMOONZEN